Joachim Traub

55 Stundeneinstiege Erdkunde

Bildquellenverzeichnis:

Seite 23: Stadtbezirke Berlins © AKaiser – Shutterstock.com, Nr. 174897617
Seite 24: Lama: Ji – stock.adobe.com
Seite 24: Klimadiagramm Asunción © Bernhard Mühr, www.klimadiagramme.de
Seite 24: Christusstatue Rio de Janeiro, Nico Kaiser, Wikimedia Commons, lizenziert unter CC BY-SA 2.0 (https://creativecommons.org/licenses/by/2.0/deed.en)
Seite 26: Kartenanamorphot © Benjamin D. Hennig (Worldmapper Project)
Seite 28: Grundlage: Ausschnitt aus der Topographischen Karte 1:50000 in 1:100000 – © Landesamt für Geoinformation und Landentwicklung Baden-Württemberg (www.lgl-bw.de), Az.: 2851.3-D/784
Seite 38: Sicherheitsgurt Kuscheltier © hiphoto39 – Fotolia.com, Nr. 74175040
Seite 39: Freiheitsstatue unter Wasser © Alaska-Tom – Fotolia.com, Nr. 38032016
Seite 47: Aralsee, NASA, Wikimedia Commons, Public domain
Seite 48: Brennerpass, Sönke Kraft, Wikimedia Commons, lizenziert unter CC BY-SA 3.0 (https://creativecommons.org/licenses/by-sa/3.0/deed.en)
Seite 60: Tower Bridge, Günter Wieschendahl, Wikimedia Commons, Public domain
Seite 60: Irish Guards, Adrian Pingston, Wikimedia Commons, Public domain
Seite 60: Klippen von Dover, Archangel12, Wikimedia Commons, lizenziert unter CC BY-SA 2.0 (https://creativecommons.org/licenses/by/2.0/deed.en)
Seite 60: Burg von Dover, Jake Keup, Wikimedia Commons, lizenziert unter CC BY-SA 2.0 (https://creativecommons.org/licenses/by/2.0/deed.en)
Seite 60: Briefmarke Elizabeth II., Scan Gumruch, Wikimedia Commons, Public domain
Seite 62: Landkarte USA © https://d-maps.com/pays.php?num_pay=138&lang=de

Gedruckt auf umweltbewusst gefertigtem, chlorfrei gebleichtem und alterungsbeständigem Papier.

3. Auflage 2021
Nach den seit 2006 amtlich gültigen Regelungen der Rechtschreibung

Illustrationen: Steffen Jähde, Hendrik Kranenberg
Umschlagfoto: Fotolia
Satz: Fotosatz H. Buck, Kumhausen
Druck und Bindung: Korrekt Nyomdaipari Kft.
ISBN 978-3-403-**07649**-0

www.auer-verlag.de

„Heute beschäftigen wir uns mit …"

Im Unterrichtsalltag beschränkt sich der Stundeneinstieg nicht selten auf die bloße Nennung des Stundenthemas. Auf einen vermeintlich aufwendigen Einstieg wird verzichtet, weil in der Stunde – wieder einmal – viel Stoff zu bewältigen ist, weil am Stundenanfang noch viele organisatorische Dinge zu klären sind oder weil einem schlicht die Ideen für einen kreativen Stundeneinstieg fehlen. Dabei besteht bei Pädagogen, Fachdidaktikern und Motivationsforschern Einigkeit: Wenn es gelingt, die Schüler[1] neugierig zu machen und sie dazu motiviert werden, sich auf ein Thema einzulassen und sich damit zu beschäftigen, werden sie engagiert bei der Sache sein und zu guten Ergebnissen kommen. Daher lohnt es sich, den ersten Minuten einer Stunde besondere Aufmerksamkeit zukommen zu lassen.

Ein guter Stundeneinstieg muss vom Schüler aus gedacht sein und einen problemorientierten Zugang zum Thema ermöglichen. Er motiviert, weckt Interesse und führt schüler- und handlungsorientiert in die Stunde ein. Dabei darf er durchaus provozieren oder einen Widerspruch enthalten. Er fördert die Kreativität und regt die Fantasie an.

Dieser Band enthält eine Sammlung erprobter Unterrichtseinstiege, die zum Ausprobieren, Variieren und Weiterentwickeln anregen sollen. Die beschriebenen Einstiege bewegen sich in einem zeitlichen Rahmen von 5–20 Minuten. Berücksichtigt ist dabei, dass Erdkunde ein Fach ist, bei dem die Schüler in der Regel über Vorwissen und Präkonzepte verfügen und zu geografischen Fragestellungen oft schon bestimmte Einstellungen und Haltungen haben.

Der Aufbau der Handreichung

Im ersten Kapitel finden sich Anregungen für einen **wiederholenden Stundeneinstieg**, bei dem nicht das stupide Abfragen im Mittelpunkt stehen soll.

Im zweiten Kapitel stehen die Beschäftigung mit der **Topografie** und die **Kartenarbeit** im Vordergrund. Bei diesen Vorschlägen, die eine der grundlegenden geografischen Kompetenzen schulen sollen, finden sich sowohl Ideen zur Wiederholung als auch Einstiege in ein neues Thema.

Die Kapitel 3 und 4 beschäftigen sich mit Einstiegen in eine **neue Thematik**. Während in Kapitel 3 die Hinführung zu einer **einzelnen Unterrichtsstunde** im Vordergrund steht, sind die in Kapitel 4 gemachten Vorschläge – schon wegen des zeitlichen Aufwandes – eher zur Einleitung einer mehrere Stunden umfassenden **Unterrichtssequenz** gedacht. Gleichwohl können sie in abgewandelter Form auch in einer Einzel- oder Doppelstunde Verwendung finden.

[1] Aufgrund der besseren Lesbarkeit ist in diesem Buch mit Schüler immer auch die Schülerin gemeint, ebenso verhält es sich mit Lehrer und Lehrerin etc.

Bei jeder der vorgestellten Methoden wird angegeben, **ab welcher Jahrgangsstufe** aufgrund der vorhandenen kognitiven Kompetenzen ein Einsatz sinnvoll erscheint.

Zudem wird die **Dauer** angegeben, die als Orientierungswert dienen soll. Abhängig vom Niveau und den Interessen der Lerngruppe lässt sich der Zeitrahmen individuell an deren Bedürfnisse anpassen. Insbesondere beim Einstieg in eine neue Unterrichtseinheit und bei handlungsorientierten Einstiegen sollte man den Zeitrahmen nicht zu knapp kalkulieren.

Wenn besondere **Voraussetzungen** erfüllt sein müssen oder **Material** benötigt wird, ist dies zu Beginn des Einstieges angegeben. Aufwendiger zu gestaltendes Material ist dabei in der Regel mehrfach zu verwenden.

Die Angaben zur **Durchführung** sind vor dem Hintergrund der raschen Handhabung in Stichworten aufgeführt. Wo es sinnvoll war, wurden konkrete Beispiele zur Verdeutlichung aufgenommen und mit Lösungen versehen.

Zur besseren Orientierung werden regelmäßig wiederkehrende Begriffe mit folgenden Icons veranschaulicht:

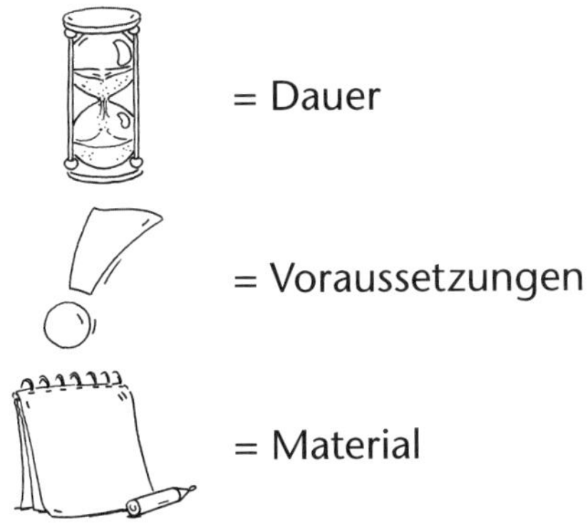

Unter **Weitere Hinweise** finden Sie Anregungen, in welchen anderen Varianten und Einsatzmöglichkeiten der jeweilige Einstieg verwendbar ist, sowie Tipps zur Weiterführung der Stunde.

Zum leichten Wiederauffinden der Methoden sind im **Index** (S. 64) alle Einstiege in alphabetischer Reihenfolge aufgelistet.

keine besonderen Voraussetzungen

vorbereitete Fragen mit unterschiedlichem Schwierigkeitsgrad, Tafel bzw. Folie und Projektor

Durchführung:

- Ein Schüler wird ausgewählt, Fragen mit zunehmendem Schwierigkeitsgrad zu beantworten.
- Gibt der Schüler die richtige Antwort, rückt er eine Stufe höher.
- Die Wiederholung endet, wenn der Schüler den Gipfel erreicht hat oder eine vorher festgelegte Anzahl an Fragen gestellt wurde.

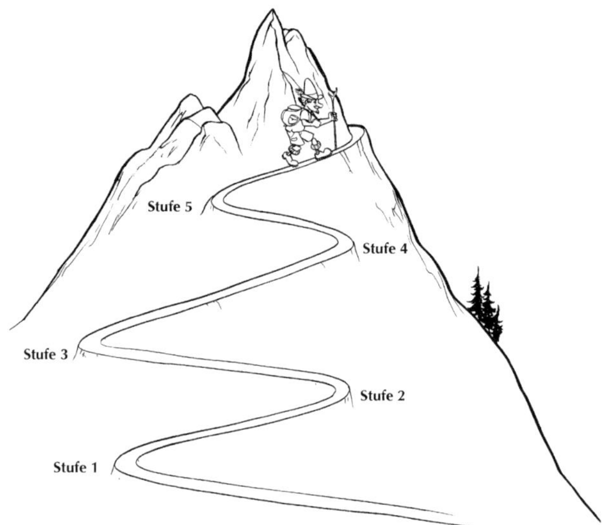

Weitere Hinweise:

Idealerweise decken die Fragen die Anforderungsbereiche Reproduktion, Reorganisation und Transfer ab.

Um die Motivation zu steigern, können zwei Schüler bzw. Schülergruppen gegeneinander antreten. Sieger ist, wer zuerst den Gipfel erreicht – der Verlierer hat dann beispielsweise Tafeldienst.

keine besonderen Voraussetzungen

vorbereitete Kärtchen mit jeweils vier Begriffen, von denen einer nicht zu den drei anderen passt

Durchführung:

- Ein Schüler zieht eine Karte und wählt einen Begriff aus, der seiner Ansicht nach nicht zu den anderen passt. Er begründet seine Auswahl kurz.
- Wählt er den unpassenden Begriff korrekt und kann er seine Entscheidung begründen, darf er einen Schüler benennen, der nach ihm an der Reihe ist.

Beispiele:

Thema: China

- Gelbes Meer
- Peking
- Jangktsekiang
- ~~Honshu~~

Thema: China

- Staatskapitalismus
- ~~Kaiser~~
- Kommunistische Partei
- Ein-Kind-Politik

Thema: China

- Werkbank der Welt
- Magnetschwebebahn
- ~~Shinkansen~~
- Huawei

Weitere Hinweise:

Werden die Begriffe an die Tafel geschrieben oder auf Folie gezeigt, können alle Schüler teilnehmen.

Abhängig vom Leistungsstand der Klasse sollten mehr oder weniger Begriffe auf den Karten stehen.

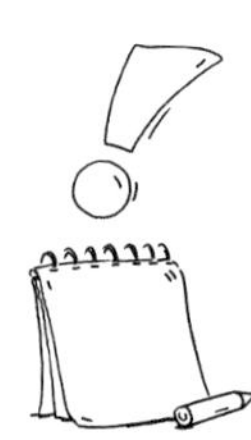

keine besonderen Voraussetzungen

6–8 vorbereitete Dominokärtchen für jeden Schüler oder für jede Gruppe sowie Kärtchen zum Ziehen

Durchführung:

- Jeder Schüler bzw. jede Schülergruppe erhält sechs bis acht Dominokärtchen mit geografischen Begriffen der vorangegangenen Stunden. Die verbleibenden Kärtchen werden verdeckt als Stapel in die Mitte gelegt.
- Ein Kärtchen befindet sich als Ausgangspunkt auf dem Tisch. Die Mitspieler legen abwechselnd ein passendes Kärtchen an. Wer nicht anlegen kann, zieht ein Kärtchen vom Stapel in der Mitte.
- Wer ein Kärtchen falsch angelegt hat, muss dieses zurücknehmen und eine weitere Karte ziehen.
- Gewonnen hat, wer zuerst alle seine Kärtchen abgelegt hat.

Beispiel:

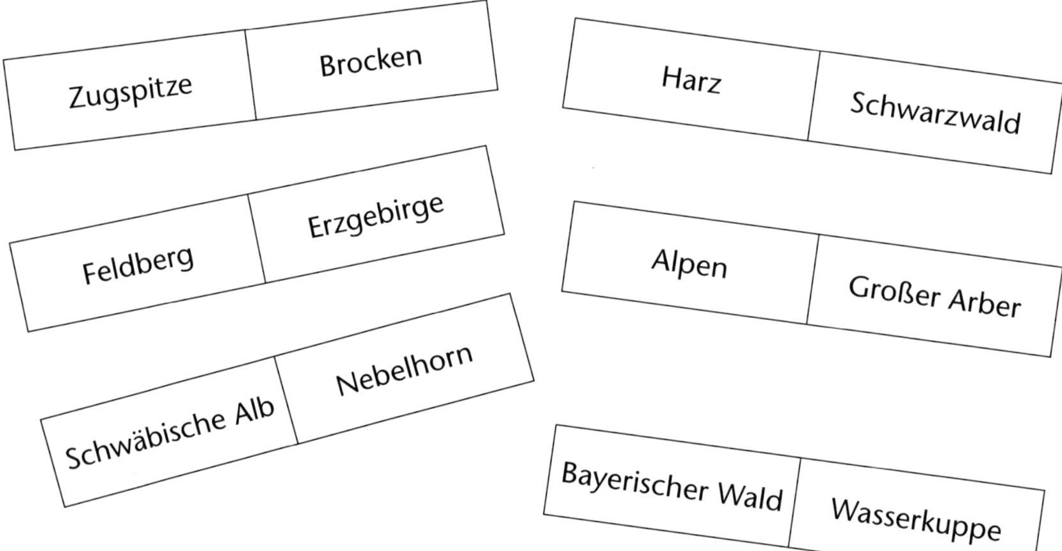

Weitere Hinweise:

Variante: Auf den Kärtchen gibt es einige freie Felder, in die der Schüler einen passenden, noch nicht verwendeten Begriff einfügen muss.

Werden Blanko-Kärtchen laminiert und mit einem wasserlöslichen Folienstift beschrieben, lassen sie sich wiederverwenden.

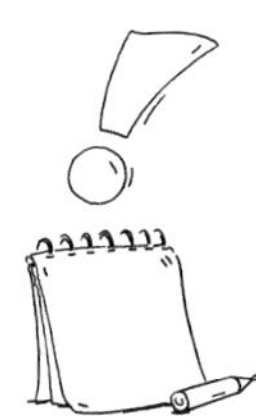

keine besonderen Voraussetzungen

Tabukarten mit einem hervorgehobenen Begriff, den es zu erklären gilt, sowie mehreren „Tabu-Wörtern", die beim Erklären nicht verwendet werden dürfen

Durchführung:

- Ein Schüler zieht eine Karte und erklärt den Begriff, ohne dabei die darunter aufgeführten Wörter zu verwenden.
- Wird ein „Tabu-Wort" genannt, ist ein anderer Schüler an der Reihe.
- Der Schüler, der den Begriff errät, darf den nächsten erklären.

Beispiele:

Nordsee
- Meer
- Deutschland
- Wasser
- Küste
- Ostsee

Gezeiten
- Ebbe
- Flut
- Mond
- Wasser
- hoch

Watt
- Küste
- Gezeiten
- Sand
- Schlick
- Wurm

Helgoland
- Insel
- Nordsee
- Hochsee
- Schleswig-Holstein
- Lange Anna

Weitere Hinweise:

Variante: Der Lehrer gibt die zu erklärenden Begriffe vor, die Schüler erarbeiten in Gruppen die Liste mit den „Tabu-Wörtern".

Durch die Anzahl der „Tabu-Wörter" kann der Schwierigkeitsgrad verändert werden.

keine besonderen Voraussetzungen

Tafel

Durchführung:

- Ein Schüler setzt sich mit dem Rücken zur Tafel auf einen Stuhl.
- Der Lehrer notiert den zu erratenden Begriff an die Tafel.
- Der Schüler versucht anschließend durch gezielte Fragen herauszufinden, wer oder was er ist. Dabei darf er nur Fragen stellen, die mit Ja oder Nein zu beantworten sind.
- Wird der Begriff nach einer bestimmten Zeit oder Anzahl an Fragen nicht gefunden, kommt ein anderer Schüler mit einem neuen Begriff an die Reihe.

Beispiele:

Weiterer Hinweis:

Durch die Angabe eines Themenfeldes oder einer räumlichen Eingrenzung kann dem Schüler eine Hilfestellung gegeben werden.

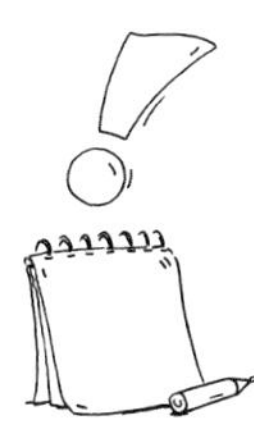

keine besonderen Voraussetzungen

Mindestens 15 zum Thema passende Materialien (Bilder, Zeitungsüberschriften, Diagramme, Gegenstände ...)

Durchführung:

- Ein Schüler wählt aus den bereitgestellten Materialien drei aus, die seiner Meinung nach den größten Bezug zum Thema haben.
- Der Schüler begründet seine Auswahl.
- Ein weiterer Schüler trifft seine Auswahl. Um Wiederholungen zu vermeiden, stehen die bereits verwendeten Materialien nicht mehr zur Verfügung.
- Noch maximal zwei weitere Schüler wählen unter den verbliebenen Materialien drei Stück aus und begründen ihre Auswahl.

Weitere Hinweise:

Diese Art der Wiederholung bietet sich besonders am Ende einer Sequenz bzw. Einheit an.

Variante 1: „Wähle aus den Materialien diejenigen aus, die deiner Meinung nach am wenigsten mit dem Thema zu tun haben. Begründe deine Auswahl."

Variante 2: „Wähle die Materialien aus, die Inhalte zeigen, die dir bei der Behandlung des Themas besonders leichtgefallen sind / schwergefallen sind / Spaß gemacht haben. Begründe deine Auswahl."

keine besonderen Voraussetzungen

vorbereitete Hinweise mit unterschiedlichem Schwierigkeitsgrad

Durchführung:

- Ein Schüler wird ausgewählt, um den gesuchten Begriff zu finden.
- Er erhält zunächst den ersten Hinweis. Kommt er nicht auf die Antwort oder liegt er falsch, erhält er den nächsten Anhaltspunkt.
- Ziel ist es, den gesuchten Begriff mit möglichst wenig Hinweisen zu finden.

Beispiele:

- Ich bin ein bekanntes Postkartenmotiv – Ich bin 4 478 Meter hoch – Ich liege in den Alpen – Ich bin der Hausberg des Schweizer Skiortes Zermatt → *Matterhorn*
- Ich durchfließe zehn Länder, so viele wie kein anderer Fluss der Welt – Ich habe zwei Quellflüsse – Ich münde ins Schwarze Meer – Nach der Wolga bin ich der zweitgrößte Fluss in Europa → *Donau*
- Ich habe mehr als 14 Millionen Einwohner – Ich liege auf zwei Kontinenten – Ich liege am Nordufer des Marmarameeres – Die Menschen hier sprechen Türkisch → *Istanbul*

Weiterer Hinweis:

Die Wiederholung lässt sich auch mit der ganzen Klasse durchführen. Die Schüler schreiben dabei die Lösung auf ein Blatt und drehen es dann um, wenn sie glauben, die richtige Antwort zu haben. Der Lehrer sollte zwischen den Hinweisen ausreichend Zeit lassen.

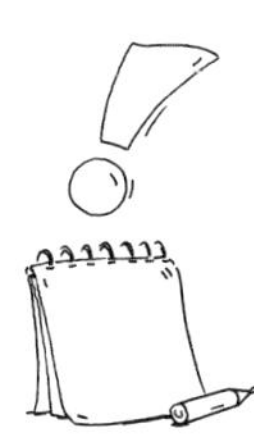

keine besonderen Voraussetzungen

keine

Durchführung:

- Zwei Schüler verlassen das Klassenzimmer. Die übrigen Schüler notieren jeweils ein Stichwort, das sich auf die Inhalte der letzten Stunden bezieht.
- Der erste Schüler wird hereingeholt. Er wählt nacheinander fünf Mitschüler aus, die jeweils ihre Begriffe nennen.
- Das Stichwort ist nun die Antwort, auf die der Schüler jeweils eine Frage formulieren muss.
- Nun wird der zweite Schüler hereingeholt, dem dieselben Begriffe nacheinander vorgelegt werden.
- Am Ende kann die Klasse per Handzeichen darüber abstimmen, welcher Schüler die Fragen passender / kreativer / schneller o. Ä. gestellt hat.

Beispiele:

Stichwort	Mögliche Fragestellung
Berlin	• Wie heißt die deutsche Hauptstadt? • Welches ist die größte deutsche Stadt? • Durch welche Stadt fließen Havel und Spree?
Savanne	• Wie bezeichnet man tropische Grasländer? • Welche Landschaftszone liegt zwischen den tropischen Wüsten und dem Regenwald? • Welche Landschaftszone ist von Regen- und Trockenzeiten geprägt?
Monsun	• Wer prägt die Regen- und Trockenzeit in Indien? • Welche jahreszeitlich wechselnden Luftströmungen ändern die Windrichtung um mindestens 120 Grad?

keine besonderen Voraussetzungen

Arbeitsblatt oder Folie

Durchführung:

- Der Lehrer präsentiert den Lückentext auf einer Folie oder auf einem Arbeitsblatt.
- Die Schüler füllen die Lücken, indem sie fehlende Begriffe selbstständig ergänzen.

Beispiel:

Nordeuropa

Nordeuropa umfasst die Länder Island, ________________ (mit den Färöer-Inseln), Finnland, Schweden und ________________ (mit Spitzbergen). Mit Ausnahme des ________________ sind alle Sprachen miteinander verwandt. Skandinavien ist die größte ________________ in Europa. Im Vergleich zu anderen Regionen Europas ist Skandinavien ________________ besiedelt. Die ________________ der Eiszeit haben die Landschaft geformt. Genau am ________________ geht die Sonne am ________________ nicht unter. Je weiter man nach Norden geht, desto länger dauert der ________________.

Weiterer Hinweis:

Zur Unterstützung schwächerer Schüler kann ein Wortspeicher zur Verfügung gestellt werden.

dünn – Polartag – Dänemark – Finnischen –

21. Juni – Norwegen – Polarkreis –

Halbinsel – Gletscher

1.10 Lügentext

keine besonderen Voraussetzungen

Arbeitsblatt oder Folie

Durchführung:

- Der Lehrer präsentiert einen Text, in den Fehler eingebaut sind.
- Die Schüler korrigieren die Fehler.

Beispiele:

Klimazonen

Durch die Schrägstellung der Erdachse gibt es ~~Tag und Nacht~~ *die Jahreszeiten*. Die Erdachse ist gegenüber der Umlaufbahn um die Sonne um ~~18,5~~ *23,5* Grad geneigt. Am Äquator ist die Sonneneinstrahlung am höchsten. Dort befindet sich der tropische Regenwald. Nach Norden bzw. Süden schließen sich die tropischen Grasländer, die ~~Steppen~~ *Savannen* an. Im Bereich der Wendekreise liegen die ~~gemäßigten Breiten~~ *Wendekreiswüsten*. Bei den Polarkreisen, die bei ~~60 Grad~~ *66,5 Grad* liegen, beginnt die Kalte Zone. Nord- und Südpol sind ~~bis auf wenige Wochen~~ *das ganze Jahr* von Eis bedeckt.

Weitere Hinweise:

Als Hilfestellung kann angegeben werden, wie viele Fehler der Text enthält. Als Varianten können fehlerhafte Schaubilder, Karten oder Klimadiagramme verwendet werden.

Variante: Den Schülern wird eine Kombination aus Lügen- und Lückentext (siehe 1.9) vorgelegt.

keine besonderen Voraussetzungen

keine

Durchführung:

- Der Lehrer formuliert auf Grundlage des behandelten Stoffes eine Frage, die die künftige Entwicklung betrifft.
- Die Schüler entwickeln in Gruppen ein Szenario.
- Die Schüler stellen ihre Ergebnisse vor und begründen, weshalb es ihrer Ansicht nach zu einer entsprechenden Entwicklung kommt.

Beispiele:

Was wäre, wenn …

- jeder Chinese ein Auto hätte?
- der Golfstrom zum Erliegen käme?
- ein Großteil der Landwirte ihren Betrieb einstellen würde und die Lebensmittel von wenigen großen Agrarbetrieben produziert würden?
- im Winter Schnee nur noch bis 2000 Meter über dem Meeresspiegel fallen würde?

Weiterer Hinweis:

Zur Differenzierung soll ein Teil der Klasse ein Best-Case-Szenario, der andere Teil ein Worst-Case-Szenario entwickeln.

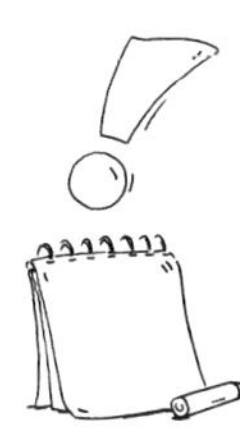

keine besonderen Voraussetzungen

kurze Filmsequenz (20–60 Sekunden), zur Filmpräsentation nötige Technik

Durchführung:

- Der Lehrer zeigt den Schülern den Filmausschnitt, der ein Thema der vorangegangenen Unterrichtsstunden aufgreift – ohne Ton.
- In Gruppen formulieren die Schüler einen erläuternden Kommentar zu der Filmsequenz.
- Während der Arbeitszeit wird der Film zwei- bis dreimal wiederholt.
- Die Schüler präsentieren ihre Ergebnisse, indem sie vor der Klasse den Filmausschnitt kommentieren.
- Am Ende kann der Film noch einmal mit dem Originalkommentar gezeigt werden.

Weitere Hinweise:

Eine kurze Inhaltsangabe, bei der die wichtigsten Inhalte und Schnitte mit einer Zeitangabe versehen sind, kann die Arbeit der Schüler unterstützen.

Liegt der Film digital vor, ist es sinnvoll, den Gruppen im Computerraum die Möglichkeit zu geben, den Film individuell zu wiederholen und die Passgenauigkeit von Bild und Ton zu optimieren.

topografische Grundkenntnisse

Mindestens 30 Kärtchen mit topografischen Elementen (Orte, Flüsse, Gebirge usw.), Wandkarte

Durchführung:

- Ein Schüler wird ausgewählt. Er zieht ein Kärtchen und zeigt den gesuchten Ort / Fluss o. Ä. an der Wandkarte.
- Er zieht so lange bis er einen Fehler macht. Die Zahl der korrekt zugeordneten topografischen Elemente bildet die Grundlage für die zweite Runde.
- Gesucht wird nun ein Schüler, der sich zutraut, noch mehr Elemente korrekt zu zeigen. Melden sich mehrere Schüler, bestimmt der „Champion" aus Runde 1 seinen Herausforderer.
- Die Wörter der ersten Runde werden wieder in den Topf geworfen.
- Der Herausforderer versucht nun, nach dem gleichen Verfahren, mehr korrekte Antworten zu geben und neuer „Champion" zu werden.

Weitere Hinweise:

Die Map Challenge kann ritualisiert werden und beispielsweise jede erste Stunde in der Woche, jede dritte Stunde o. Ä. durchgeführt werden. Motivierend wirkt, wenn beispielsweise ein „Champion des Monats" gekürt wird, der eventuell sogar einen kleinen Preis erhält.

Im Verlauf der Challenge kann die Zahl der geografischen Elemente erhöht werden, um so die topografische Kompetenz permanent zu erweitern.

Soll der Wettbewerbscharakter noch verstärkt werden, kann die Klasse alternativ in zwei Gruppen eingeteilt werden, die jeweils einen Herausforderer ins Rennen schicken.

topografische Grundkenntnisse

Wandkarte

Durchführung:

- Der Lehrer gibt die Kategorie vor, z. B. Flüsse, Städte, Ferienorte usw.
- Ein Schüler nennt und zeigt die fünf längsten, größten, prägendsten geografischen Elemente der geforderten Kategorie.

Beispiele:

„Nenne und zeige die fünf bedeutendsten Metropolregionen Deutschlands."

„Nenne und zeige die fünf größten Hochgebirge der Welt."

„Nenne und zeige die fünf größten Städte Europas."

„Nenne und zeige die fünf größten Wasserstraßen Deutschlands."

Weitere Hinweise:

Um den Anforderungsbereich zu erhöhen, können den Schülern weiterführende Fragen gestellt werden, z. B. nach der Genese, nach Gemeinsamkeiten oder Unterschieden zwischen den Raumelementen usw.

Der Schwierigkeitsgrad steigt, wenn eine stumme Karte verwendet wird.

Kenntnisse der Himmelsrichtungen, topografische Grundkenntnisse

Wandkarte oder Karte auf Folie, ggf. Klebepunkt / Windrose

Durchführung:

- Der Lehrer bestimmt einen Ort auf der Wandkarte als Ausgangs- bzw. Bezugspunkt.
- Er nennt daraufhin drei bis fünf topografische Elemente (Orte, Flüsse o. Ä.). Die Schüler müssen diese nun bezogen auf den Ausgangspunkt verorten. Sie geben dabei die Himmelsrichtung vom Bezugspunkt aus an, also NW, N, NO, O, SO, S, SW, W.
- Die Ergebnisse werden mithilfe der Karte überprüft.

Beispiel:

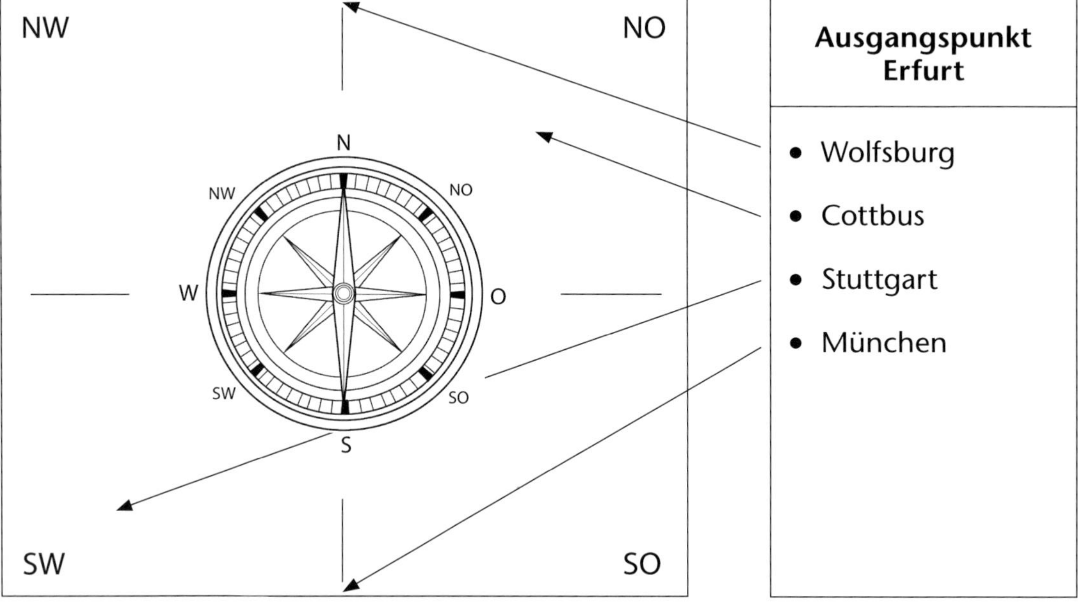

Grundkenntnisse der Kartenarbeit

Atlanten bzw. Karten

Durchführung:

- Jeder Schüler erhält eine (Atlas-)Karte.
- Der Lehrer liest nacheinander seine Anweisungen vor. Zwischen den einzelnen Punkten erhalten die Schüler etwas Zeit, um sich zu orientieren.

Beispiel:

- Unsere Reise beginnt in Stuttgart. Wir bewegen uns 190 Kilometer Luftlinie direkt nach Osten und erreichen eine Stadt mit mehr als 100 000 Einwohnern. (→ *Ingolstadt*)
- Die Stadt liegt an einem Fluss. Diesem folgen wir flussabwärts bis zur nächsten Stadt mit mehr als 100 000 Einwohnern. (→ *Regensburg*)
- Wir verlassen die Stadt und gehen parallel zum zwölften Längengrad nach Norden, bis wir zu einer künstlichen Wasserstraße kommen. (→ *Elbe-Havel-Kanal)*
- Der Wasserstraße folgen wir nach Westen, bis wir auf einen Fluss stoßen. (→ *Elbe*)
- Flussabwärts geht es bis zur nächsten Großstadt. (→ *Hamburg)*
- Nun wenden wir uns wieder nach Süden und erreichen unser Ziel: den ersten Berg mit einer Höhe von mehr als 1000 Metern. (→ *Brocken)*

Kartengrundlage: Deutschland – Physische Übersicht (1:3 000 000)

Weiterer Hinweis:

Je nach Schwierigkeitsgrad können Zwischenlösungen gegeben werden. Alternativ liegen Hilfekärtchen bereit, die sich die Schüler bei Bedarf holen können.

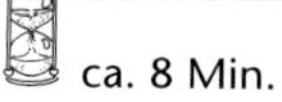

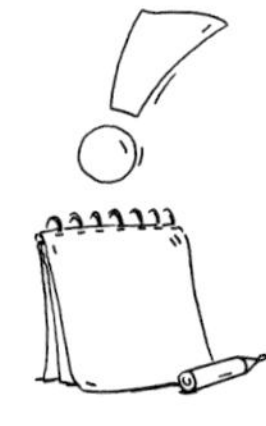

Kenntnisse des Gradnetzes

Tafel oder Folie mit den Koordinaten, Projektor

Durchführung:

- Der Lehrer zeigt die Koordinaten auf Folie bzw. notiert sie an der Tafel.
- Die Schüler versuchen nun allein oder mit dem Sitznachbarn, die angegebenen Koordinaten zu finden.
- Der Cache – das Lösungswort – sollte von allen Schülern gefunden werden.

Beispiel:

Raumbeispiel Deutschland – Gesucht ist jeweils der erste Buchstabe

- 1. Koordinate: 51° 27′ N, 7° 1′ O (→ ***E**ssen)*
- 2. Koordinate: 48° 46′ N, 11° 25′ O (→ ***I**ngolstadt)*
- 3. Koordinate: 52° 21′ N, 14° 33′ O (→ ***F**rankfurt/Oder)*
- 4. Koordinate: 49° 36′ N, 11° 0′ O (→ ***E**rlangen)*
- 5. Koordinate: 51° 20′ N, 12° 22′ O (→ ***L**eipzig)*

Lösungswort: ***Eifel***

Weitere Hinweise:

Mit der vorgestellten Methode gewinnen die Schüler einen Überblick über einen neuen Raum.

Es ist auch möglich, das Atlas-Geo-Caching als Wiederholung zu gestalten, indem Elemente der vorangegangenen Stunde aufgegriffen werden, z. B.: „Addiere 4 Grad Nord zu den Koordinaten des höchsten Gipfels des Gebirges, das wir in den vergangenen Stunden behandelt haben. …

keine besonderen Voraussetzungen

verschiedene Umrisskarten, ggf. gedreht, gespiegelt, vergrößert/verkleinert

Durchführung:

Die Schüler erhalten Puzzleteile, die korrekt zusammengefügt einen geografischen Raum ergeben.

Beispiel:

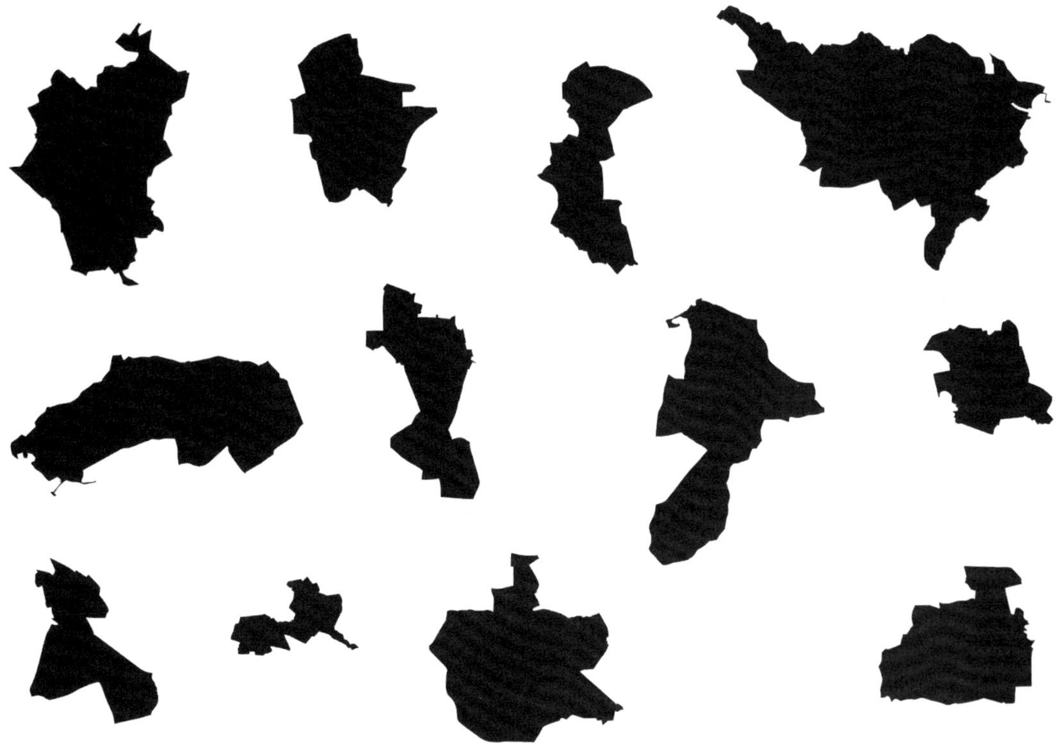

Stadtbezirke Berlins

Weiterer Hinweis:

Zur Differenzierung bekommen schwächere Schüler die Möglichkeit, mit dem Atlas zu arbeiten. Leistungsstarke Schüler hingegen erhalten zusätzliche, nicht passende Puzzleteile.

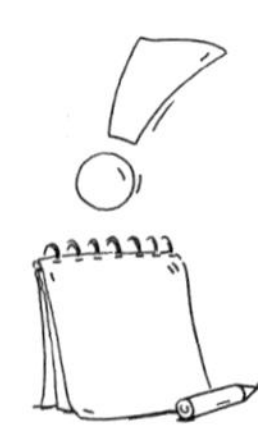

keine besonderen Voraussetzungen

(Wand-)Karte; zum Thema passende Bilder, Diagramme, Grafiken; evtl. Klebeband bzw. Fotoklebepunkte zum Befestigen

Durchführung:

- Der Lehrer legt die Bilder / Diagramme / Grafiken etc. aus.
- Ein Schüler wählt drei bis fünf davon aus, verortet sie auf der Karte und begründet seine Zuordnung.
- In der Klasse wird die Zuordnung besprochen und – falls nötig – sofort bzw. am Stundenende richtiggestellt.

Beispiel:

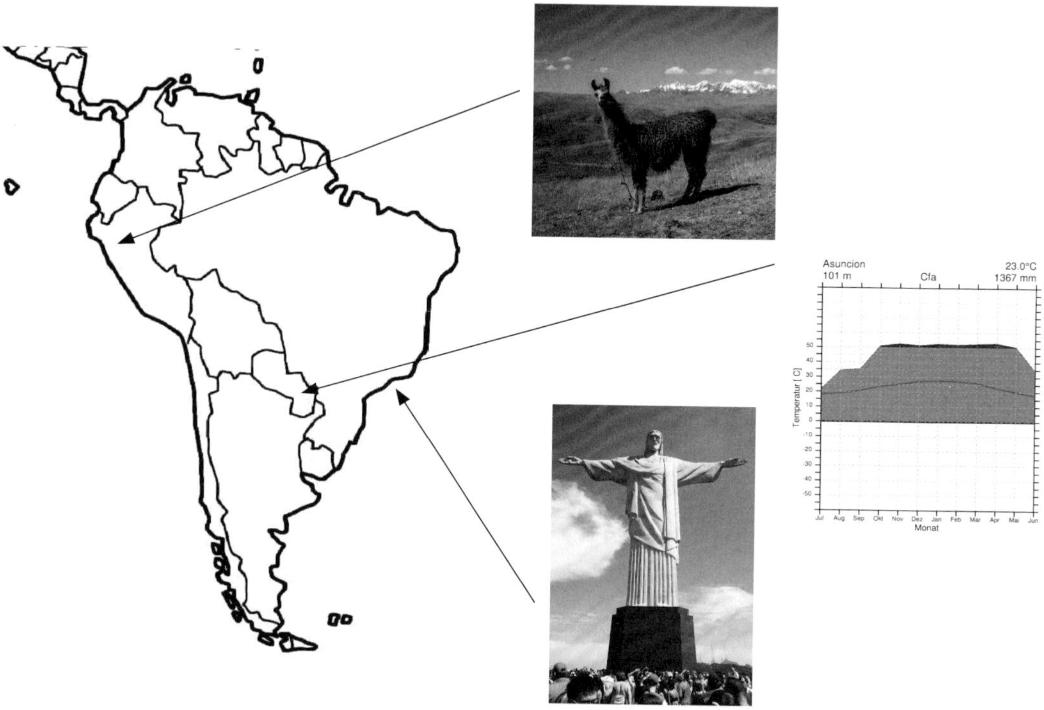

Raumbeispiel Südamerika

Weiterer Hinweis:

Die Methode eignet sich sowohl zur Wiederholung als auch, um Vorwissen der Schüler abzufragen.

keine besonderen Voraussetzungen

Arbeitsblatt mit einer Karte, bei der ein bestimmter Bildausschnitt fehlt

Durchführung:

- Die Schüler erhalten das Arbeitsblatt und sollen in Gruppenarbeit den leeren Bildausschnitt mit einer Skizze füllen.
- Bei einem Gallery Walk werden die Ergebnisse der einzelnen Gruppen betrachtet.

Beispiel:

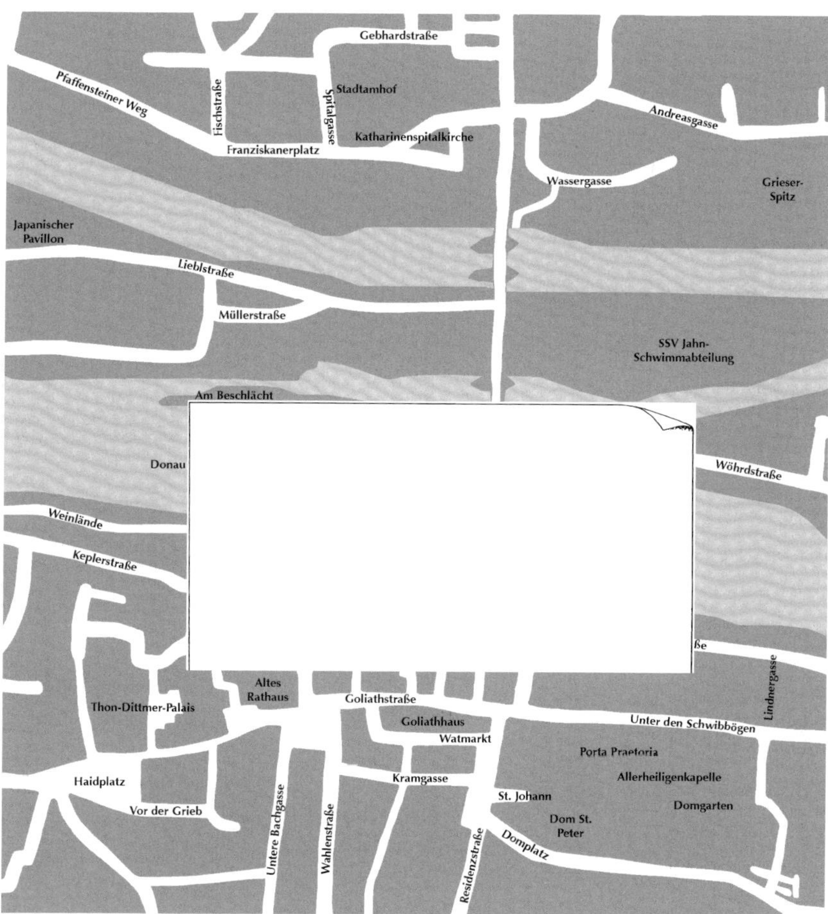

Stadtplan Regensburg

2.9 „Das ist ja ein dickes Ding“

ca. 5 Min. | ab Kl. 7

keine besonderen Voraussetzungen

thematisch passendes Kartenanamorphot

Durchführung:

- Der Lehrer zeigt das Kartenanamorphot.
- Ausgehend von einer Beschreibung formulieren die Schüler Hypothesen, die Grundlage der Stunde sind.

Beispiel:

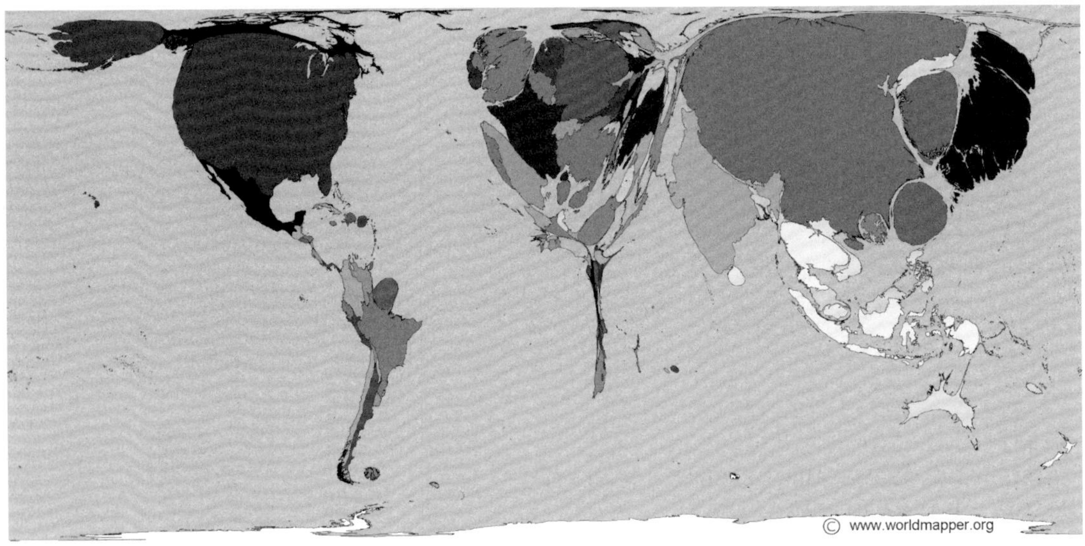

Länder der Welt, dargestellt nach dem Bruttoinlandsprodukt 2015

Weiterer Hinweis:

Mit geeigneter Software lassen sich Kartenanamorphote selber erstellen. Ein großes Archiv findet sich im Internet unter www.worldmapper.org

2.10 Mental Maps

ca. 15 Min. | ab Kl. 5

keine besonderen Voraussetzungen

keine

Durchführung:

- Der Lehrer fordert die Schüler auf, ihre subjektive Vorstellung eines bestimmten Raumes in einer Skizze darzustellen.
- Die Skizzen werden im Klassenraum aufgehängt und am Ende der Stunde / der Einheit mit den erarbeiteten Ergebnissen verglichen.

Beispiel:

Fertige eine Skizze …

- … der Schule und ihrer Umgebung
- … deines Schulweges
- … des Schulortes
- … deines Wohnortes
- … des Stadtzentrums
- …

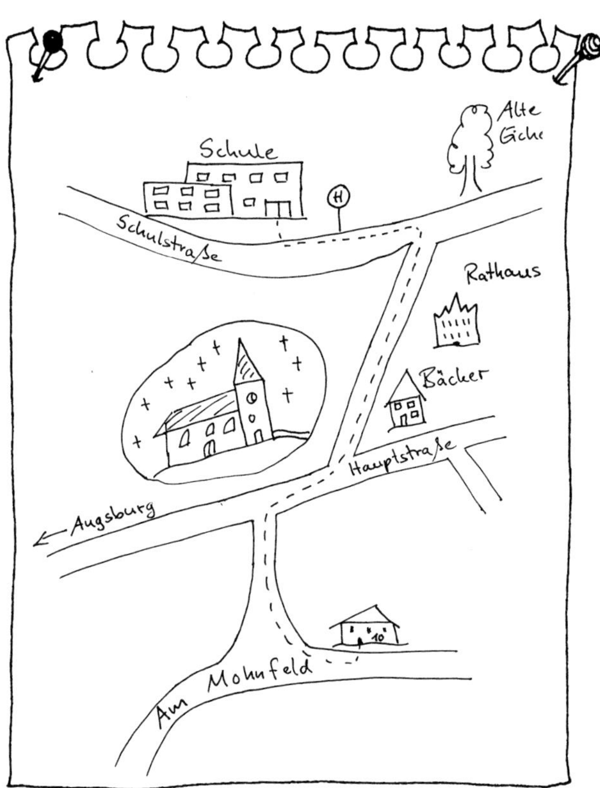

Weitere Hinweise:

Die Methode ist geeignet, um zu Beginn einer Stunde / Einheit die Vorstellung der Schüler über einen bestimmten Raum abzufragen.

Sinnvoll und ergiebig sind Themenstellungen, die einen Bezug zur Lebenswelt der Schüler haben.

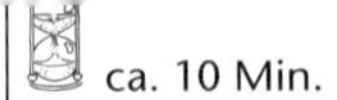

keine besonderen Voraussetzungen

Karten für die Schüler, Wandkarte, Klebepfeile

Durchführung:

- Jeder Schüler erhält eine Karte.
- Die Schüler sollen nun mithilfe der Klebepfeile angeben, wo ihrer Ansicht nach bestimmte, vom Lehrer vorgegebene Aktivitäten, z. B. die Freizeit verbringen, Sport treiben, Kultur usw. möglich sind.
- Einige Schüler werden ausgewählt, die ihre Ergebnisse an der Wandkarte präsentieren. Dabei begründen sie ihre Entscheidungen.

Beispiel:

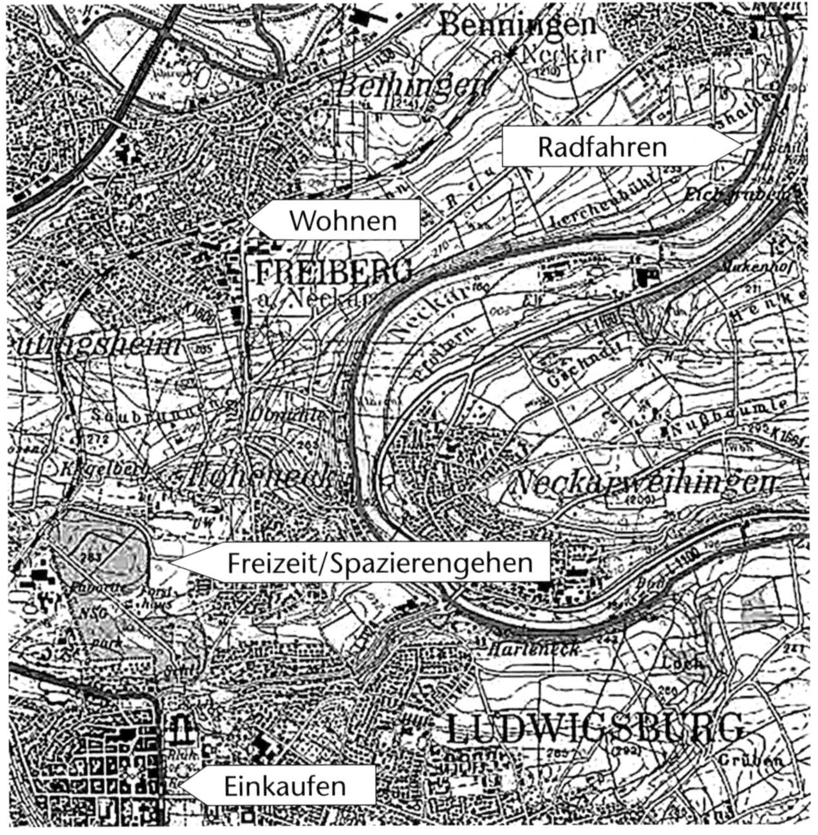

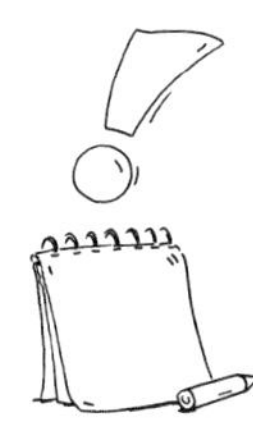

keine besonderen Voraussetzungen

Atlanten bzw. Karten, weiße DIN-A3-Blätter, Buntstifte, Stoppuhr

Durchführung:

- Die Klasse wird in Gruppen mit vier bis fünf Schülern eingeteilt.
- An zwei gegenüberliegenden Seiten des Klassenzimmers wird für jede Gruppe jeweils ein Tisch gestellt. Auf einem Tisch liegt die Originalkarte, auf dem anderen weiße DIN-A3-Blätter und Buntstifte.
- Aufgabe ist es, die Karte so nachzuzeichnen, dass sie möglichst viele zentrale Elemente des Originals enthält.
- Alle Gruppen stehen zu Beginn bei dem Tisch mit den leeren Blättern. Auf ein Signal hin geht jeweils ein Schüler zur Originalkarte und hat 20 Sekunden Zeit, sich diese einzuprägen.
- Nach Ablauf der Zeit geht er zurück und zeichnet so viel wie er sich merken konnte.
- Nach einer Minute kommt der jeweils zweite Schüler der Gruppe an die Reihe und bekommt wiederum 20 Sekunden Zeit, sich die Karte einzuprägen usw.
- Nach einer vorher festgelegen Zahl an Durchgängen – jeder Schüler sollte aber mindestens zweimal drangekommen sein – werden die Ergebnisse der Gruppen verglichen und festgestellt, wer das Original am besten übertragen konnte.

keine besonderen Voraussetzungen

Tafel

Durchführung:

- Der Lehrer schreibt den zentralen Begriff der Stunde vertikal an die Tafel.
- Die Schüler sollen zum Thema passende Schlagworte finden, deren Anfangsbuchstaben den zentralen Begriff ergeben.
- Die Ergebnisse werden an der Tafel notiert.
- Am Ende wird noch einmal darauf Bezug genommen und neue Begriffe werden mit einer anderen Farbe ergänzt. So können die Schüler den Lernfortschritt erkennen.

Beispiel:

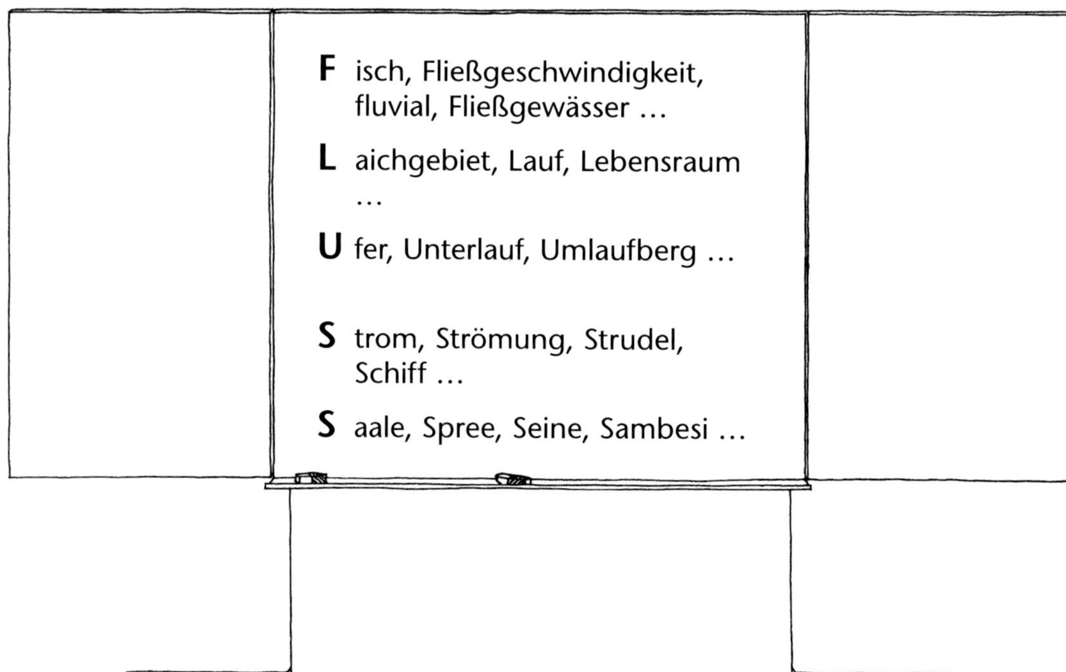

Weiterer Hinweis:

Besonders geeignet sind Begriffe, die viele verschiedene Buchstaben enthalten. Wörter mit vielen gleichen Buchstaben wie „Erdbeben" sind nicht sehr ergiebig.

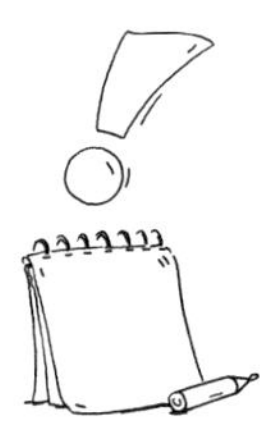

keine besonderen Voraussetzungen

Tafel

Durchführung:

- Der Lehrer schreibt den zentralen Begriff an die Tafel.
- Die Schüler sollen die Buchstaben des Alphabets als Anfangsbuchstaben für Wörter verwenden, die sie mit dem Begriff in Verbindung bringen.
- Die Ergebnisse werden an der Tafel notiert.

Beispiel:

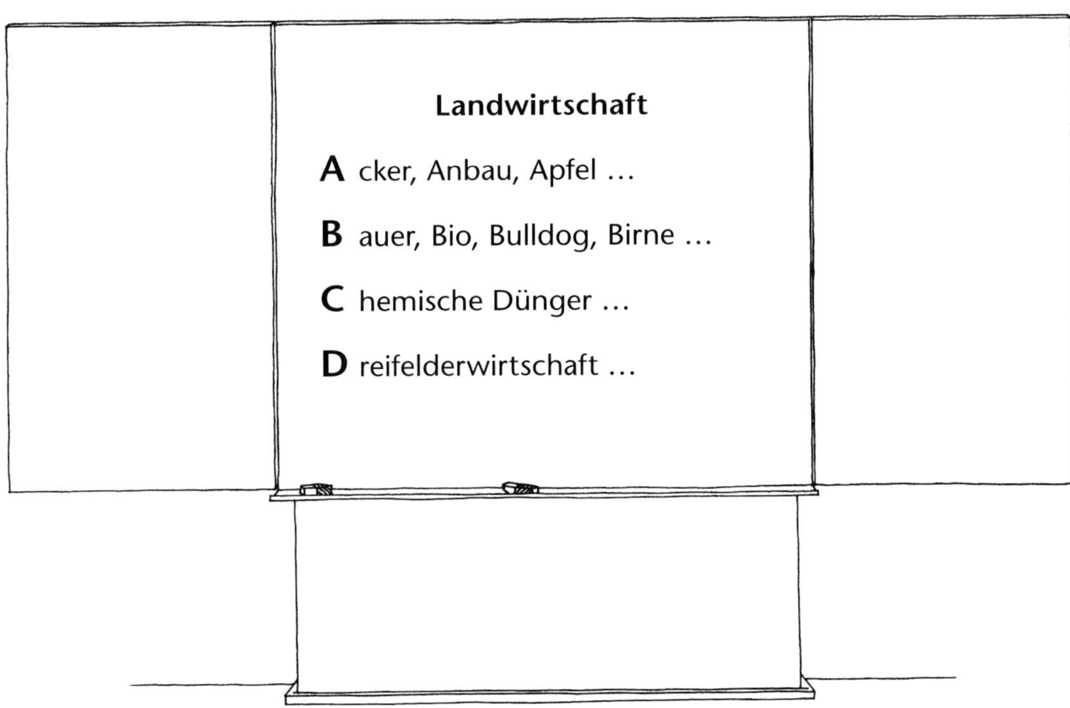

Weiterer Hinweis:

Es kann sinnvoll sein abzufragen, zu welchen Begriffen / Inhalten die Schüler mehr wissen wollen. So kann sich der Lehrer bei der Unterrichtsplanung an den Interessen der Schüler orientieren.

keine besonderen Voraussetzungen

zum Thema passende Gegenstände

Durchführung:

- Der Lehrer präsentiert nach und nach unterschiedliche Gegenstände, die alle einen Bezug zum Thema haben.
- Die Schüler sollen nun herausfinden, welche Gemeinsamkeit die Gegenstände haben und einen passenden Oberbegriff finden. Dabei sollen sie ihre Meinung begründen.
- Die Schüler nennen anschließend weitere Gegenstände, die ihrer Ansicht nach zum Thema passen.

Beispiele:

1. Zitrusfrüchte, Pasta, Olivenöl, Sonnenbrille, Sonnenhut → *Einstieg in das Thema „Südeuropa"*
2. Milch, Käse, Joghurt, Kartoffeln, Mehl → *Einstieg in das Thema „Landwirtschaft in Deutschland"*
3. Banane, Kakao, Radiergummi (wg. Kautschuk), Margarine (wg. Palmöl) → *Einstieg in das Thema „Tropen"*
4. Taschenlampe, Wanderhut, Wanderkarte, Kletterseil, Sonnencreme → *Einstieg in das Thema „Gebirge/Hochgebirge"*

Weitere Hinweise:

Um den Einstieg anspruchsvoller zu gestalten, kann auch ein Gegenstand mitgebracht werden, der nicht zu den anderen passt.

Alternativ kann in der vorhergehenden Stunde das Thema vom Lehrer genannt werden und die Schüler sollen als Hausaufgabe einen bis drei passende Gegenstände mitbringen.

3.4 Demonstrationsexperiment

keine besonderen Voraussetzungen

abhängig vom jeweiligen Experiment

Durchführung:

- Der Lehrer präsentiert den Versuchsaufbau.
- Das Experiment wird durchgeführt.
- Die Schüler notieren den Versuchsaufbau und die Beobachtungen.
- Die Schüler formulieren in Partnerarbeit eine Hypothese bzw. eine mögliche Erklärung, die dann im Unterrichtsgang überprüft wird.

Beispiel:

1. Kalknachweis mit verdünnter Salzsäure (Gesteinskunde, Verkarstung)
2. Zusammengefaltete Handtücher werden aneinander vorbeigeschoben bzw. aufeinander geschoben (Plattentektonik, Gebirgsbildung)
3. Flammen von sieben bis neun im Kreis angeordneten Teelichtern zeigen die Entstehung von Hoch- und Tiefdruckgebieten (Klimageografie)
4. Blumenerde, Sand und Lehm in jeweils einen Blumentopf füllen (Filterpapier auf den Boden), Blumentöpfe in Einmachgläser stellen, in jeden Topf die gleiche Menge Wasser gießen und anschließend die durchgelaufene Wassermenge messen (Bodengeografie)

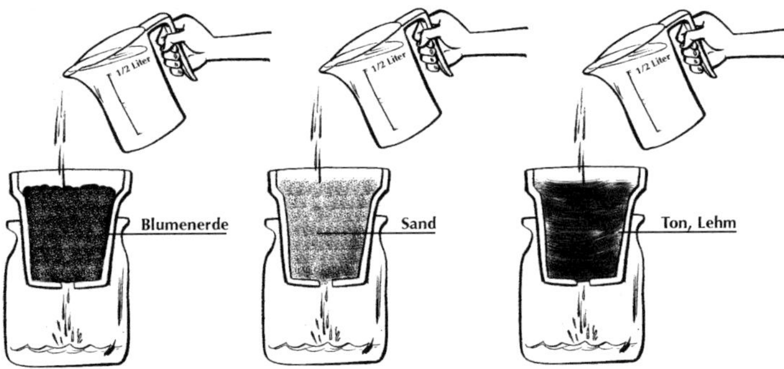

Weitere Hinweise:

In der Literatur und im Internet findet sich eine Vielzahl kleiner, einfach durchzuführender Experimente, die sich als Demonstrationsexperimente eignen.

Schülerexperimente sind wegen des höheren Aufwandes i. d. R. nicht für die Einstiegs- sondern für die Erarbeitungsphase geeignet.

keine besonderen Voraussetzungen

(literarischer) Text

Durchführung:

- Der Lehrer liest den ausgewählten Text vor. Die Schüler halten Hefte und Bücher geschlossen, um sich ganz auf den Text einzulassen.
- Die Schüler geben in eigenen Worten die zentralen Inhalte des Gehörten wieder.
- Es wird diskutiert, wie realistisch / glaubwürdig / vollständig usw. die Schilderung ist.
- Am Stundenende kann auf die Diskussion zurückgeführt werden.

Beispiele:

1. Frank Schätzing, „Der Schwarm" → Schilderung eines Tsunamis
2. Robert Haris, „Pompeji" → Schilderung eines Vulkanausbruches
3. Landschaftsbeschreibungen bei Karl May oder Adalbert Stifter
4. Landschaftsbeschreibungen in Lokalkrimis
5. …

Weitere Hinweise:

Alternativ kann auch auf eine der zahlreichen Reisebeschreibungen oder Tagebücher zurückgegriffen werden, die sich auf dem Markt befinden.

Die Schüler sollen angeregt werden, sich mit geografischen Schilderungen in der Literatur zu befassen. Vielleicht findet sich auch eine ergiebige Passage in der Lektüre, die gerade im Deutsch- oder Fremdsprachenunterricht behandelt wird.

keine besonderen Voraussetzungen

Text, ggf. Entspannungsmusik

Durchführung:

- Die Schüler nehmen eine bequeme Sitzhaltung ein und schließen die Augen.
- Der Lehrer liest mit ruhiger Stimme, ggf. untermalt von Entspannungsmusik, den Text vor. Das Sprechtempo ist so zu wählen, dass die Schüler genügend Zeit haben, sich die beschriebenen Inhalte vorzustellen. Sprechpausen dienen dazu, das Gehörte wirken zu lassen.
- Nach dem „Aufwachen" beschreiben die Schüler ihre Eindrücke während der Reise.

Beispiel:

Ein Tag im tropischen Regenwald

Es ist kurz vor 6 Uhr morgens, wir sind in Manaus, mitten im brasilianischen Regenwald. In wenigen Minuten geht die Sonne auf. Fast ohne Dämmerung steigt sie sehr steil über dem Wald auf. Bereits jetzt liegt die Temperatur bei mehr als 20 Grad. Durch die zunehmende Wärme steigt Dampf aus den Wäldern. Die Luftfeuchtigkeit beträgt vormittags schon fast 100 %. Der Schweiß dringt einem aus allen Poren. Das Thermometer zeigt schon mehr als 30 Grad an, obwohl es gerade mal 11 Uhr ist. Wegen der warmen, schwülen Luft möchte man sich am liebsten gar nicht mehr bewegen. In den frühen Nachmittagsstunden bilden sich erste weiße Wolken, die sich rasch zu haushohen Gewitterwolken auftürmen. Dann bricht das Gewitter los. Unter lautem Donner ergießt sich heftiger Regen, der den Weg in einen schlammigen Pfad verwandelt. Doch so schnell wie es begonnen hat, endet das Gewitter wieder. In den Pfützen spiegelt sich der blaue Himmel. Die Luftfeuchtigkeit ist nach wie vor unerträglich hoch. Gegen 18 Uhr verschwindet die Sonne ganz schnell hinter dem Horizont. Trotz Dunkelheit fällt die Temperatur auch heute Nacht nicht unter 20 Grad.

keine besonderen Voraussetzungen

Text

Durchführung:

- Der Lehrer liest einen thematisch passenden Text vor.
- An einer spannenden Stelle bricht er ab.
- Die Schüler schreiben alleine oder in Partnerarbeit eine mögliche Fortsetzung.
- Ausgewählte Schülerlösungen werden vorgelesen. Die Schüler begründen, weshalb der Text aus ihrer Sicht so weitergeht.
- Am Stundenende liest der Lehrer das Ende vor. Die Schüler vergleichen dieses mit ihrer Lösung.

Weiterer Hinweis:

Alternativ kann den Schülern auch ein Filmausschnitt gezeigt werden, der an einer bestimmten Stelle unterbrochen wird. Die Schüler notieren dazu eine mögliche Fortsetzung.

3.8 Presseschau

ca. 10 Min. | ab Kl. 7

keine besonderen Voraussetzungen

Folie mit Zeitungsausschnitten, Projektor

Durchführung:

- Der Lehrer präsentiert eine Folie mit verschiedenen Zeitungsüberschriften.
- Jeder Schüler wählt eine Überschrift aus und verfasst eine kurze, dazu passende Zeitungsmeldung.
- Ausgewählte Schülerantworten werden vorgetragen.
- Am Stundenende wird überprüft, welche Schülerlösung das Thema am treffendsten geschildert hat.
- Mithilfe der Ergebnisse der Stunde werden die Zeitungsmeldungen überarbeitet.

Beispiel:

HURRIKAN / Einwohner und Touristen auf der Flucht vor „Frances"
Größte Evakuierungswelle in der Geschichte Floridas

ORKAN / Auf Sylt teilweise die Strände weggespült
Wetter spielt mal wieder verrückt
Schwere Stürme und Schneeschmelze in Europa – Winterchaos an der US-Westküste

Tropfende Zeitbomben
Gletscher tauen im Rekordtempo – weltweit laufen Schmelzwasserseen über

UNWETTER / „Ivan", „Jeanne" und „Karl" wüten gleichzeitig
Ein Wirbelsturm jagt den nächsten
Schon 33 Tote und Milliardenschäden in den USA

Presseschau zum Thema Klimawandel

Weiterer Hinweis:

Alternative: Die Schüler sammeln über einen Zeitraum von zwei bis drei Wochen alle Zeitungsüberschriften zu einem bestimmten Thema und gestalten eine „Presswand" im Klassenzimmer, die dann zum Einstieg verwendet wird.

3.9 Realitätscheck

ca. 5 Min. | ab Kl. 5

keine besonderen Voraussetzungen

Folie mit tendenziöser/subjektiver Aussage, Materialien, ggf. Recherchemöglichkeit im Internet

Durchführung:

- Der Lehrer präsentiert eine Aussage.
- Die Schüler nehmen dazu Stellung, indem sie formulieren, ob bzw. inwieweit die Aussage zutreffend sein kann. Dabei begründen sie ihre Meinung.
- Mithilfe der bereitgestellten Materialien bzw. einer Internetrecherche führen die Schüler einen Realitätscheck durch und prüfen den Wahrheitsgehalt der Aussage.

Beispiel:

Weiterer Hinweis:

Der Einstieg kann durch eine entsprechende Aussage so emotional gestaltet werden, dass sich bei den Schülern sofort offener Widerstand regt (z. B.: „Massentierhaltung ist artgerechte Tierhaltung“).

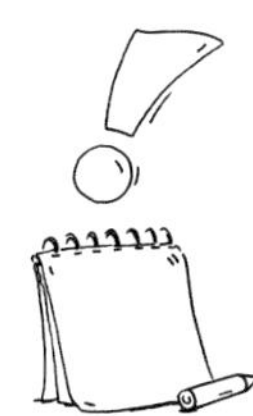

keine besonderen Voraussetzungen

Folie mit einem Bild, das inhaltliche Fehler enthält, Projektor

Durchführung:

- Der Lehrer legt eine Folie mit einem verfremdeten Bild auf.
- Die Schüler beschreiben das Bild und nennen den Fehler.
- Die verfremdende Wirkung des Bildes wird thematisiert.

Beispiel:

1. Windräder im Wohngebiet
2. Seilbahn, die auf einen rauchenden Vulkan führt
3. Hochhäuser in einem Bergdorf
4. Grasende Kühe in einem Stadtpark
5. Orangenbäume auf einer heimischen Streuobstwiese

Weitere Hinweise:

Bildmontagen lassen sich relativ einfach mit Bildbearbeitungsprogrammen am Computer erstellen. Denkbar ist auch, eine Collage zu gestalten.

Als Vertiefung kann diskutiert werden, welche Auswirkungen es hätte, wenn die Darstellung real wäre.

3.11 Rätselfrage

ca. 5 Min. | ab Kl. 5

keine besonderen Voraussetzungen

Tafel

Durchführung:

- Der Lehrer schreibt eine Rätselfrage an die Tafel.
- Die Schüler formulieren eine mögliche Lösung.
- Der Lehrer notiert ausgewählte Schülerantworten an der Nebentafel.
- Am Stundenende wird überprüft, welche Antwort der tatsächlichen Lösung am nächsten kommt.

Beispiel:

1. Warum fressen Eisbären keine Pinguine? (→ Einstieg zum Thema Polarregionen / Arktis, Antarktis)
2. Was macht die Kuh im Regenwald? (→ Einstieg zum Thema Abholzung des Tropischen Regenwaldes)
3. Wie kommt das Schiff in die Wüste? (→ Einstieg zum Thema Aralsee)
4. Was macht der Zucker im Tank? (→ Einstieg zum Thema Biokraftstoffe)

Weitere Hinweise:

Eindrücklicher ist es, wenn das Rätsel mit einem Bild oder einer Zeichnung illustriert wird. Zu manchen Themen finden sich relativ leicht Bilder im Internet (z. B. Schiff in der Wüste).

Eventuell lässt sich auch ein Bild mithilfe eines Bildbearbeitungsprogrammes (vgl. 3.10) erstellen.

3.12 Graffiti

keine besonderen Voraussetzungen

Plakate oder DIN-A3-Blätter, Klebeband, Stifte

Durchführung:

- Verschiedene Plakate mit jeweils einem angefangenen Satz nach dem Muster „An Thema XY interessiert mich … / von Thema XY weiß ich schon …" werden im Klassenzimmer mit genügend Abstand zueinander aufgehängt.
- Die Schüler gehen durch das Klassenzimmer und schreiben zu jedem Satz ihre persönliche Fortsetzung.
- Wenn jeder Schüler an jedem Plakat seine Eintragung vorgenommen hat, bekommen alle noch ein bis zwei Minuten Zeit, um die Beiträge der anderen zu lesen.
- Die Plakate bleiben bis zum Ende der Stunde / Einheit hängen.

Weitere Hinweise:

Ist die Gruppe zu groß, empfiehlt es sich, die Klasse zu teilen und jeden Satzanfang zweimal aufzuhängen.

Variante: Die Schüler sitzen in Kleingruppen von drei bis fünf Personen an Gruppentischen. Auf jedem Platz liegt ein Plakat mit einem angefangenen Satz. Die Gruppe überlegt gemeinsam eine Fortsetzung des Satzes. Nach einer weiteren Minute gibt jede Gruppe ihr Plakat nach rechts weiter. Nach jeweils einer Minute wird erneut gewechselt usw., bis alle Plakate einmal durchgelaufen sind.

keine besonderen Voraussetzungen

leere Placematvorlagen

Durchführung:

- Die Schüler treffen sich in Vierergruppen an Gruppentischen.
- Der Lehrer formuliert die Einstiegsfrage bzw. das Stundenthema.
- Jedem Schüler gehört eines der Außenfelder der Placemat. Darin ergänzt er seine Gedanken und Antworten auf die Einstiegsfrage bzw. das Stundenthema. Es können auch Fragen formuliert werden.
- Nach etwa zwei Minuten tauschen die Schüler ihre individuellen Ergebnisse aus. Dazu drehen sie das Blatt um 90°, sodass jeder die Notizen des Nebenmanns lesen kann. Jeder kann dabei Anmerkungen, Ergänzungen oder Fragen hinzufügen. Das Blatt wird so oft gedreht, bis jeder wieder vor seinem ursprünglichen Feld sitzt.
- Die Schüler einigen sich nun auf zwei bis drei zentrale Aspekte und Aussagen, die in der Mitte der Placemat festgehalten werden.
- Die Ergebnisse werden im Plenum vorgestellt – entweder durch eine kurze Präsentation der einzelnen Gruppen oder einen Gallery Walk.

Beispiel:

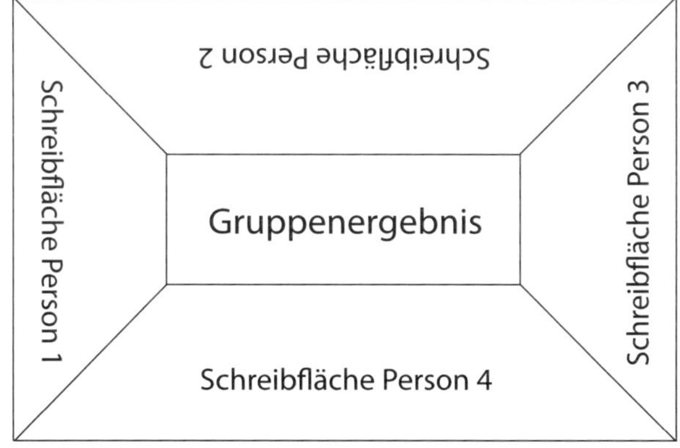

Placemat für eine Vierergruppe

keine besonderen Voraussetzungen

keine

Durchführung:

- Der Lehrer nennt das Thema.
- Die Schüler notieren sich in Einzelarbeit die fünf Aspekte, die ihnen am Thema am wichtigsten erscheinen.
- Die Schüler arbeiten danach mit ihrem Sitznachbarn zusammen. Die beiden sollen sich auf Grundlage ihrer Notizen auf vier Aspekte einigen.
- Jedes Paar bildet anschließend mit einem anderen Paar eine Vierergruppe. Das geht am schnellsten, wenn sich die Schüler jeder zweiten Reihe umdrehen und mit den hinter ihnen sitzenden Schülern zusammenarbeiten.
- In der Vierergruppe einigen sich die Schüler auf drei gemeinsame Punkte.
- Die Gruppen stellen ihre Ergebnisse kurz vor.

Weiterer Hinweis:

Bei dieser Methode wird auf das Vorwissen der Schüler zurückgegriffen. Da in den unterschiedlichen Gruppenkonstellationen diskutiert wird und die Schüler sich mit unterschiedlichen Sichtweisen auseinandersetzen, werden auch die sozialen und personalen Kompetenzen geschult.

3.15 Vier-Ecken-Methode

ca. 5 Min. | ab Kl. 5

keine besonderen Voraussetzungen

Aussagen auf DIN-A4-Blättern, Klebeband

Durchführung:

- Der Lehrer befestigt die vier Blätter mit den Aussagen zum Thema in den vier Ecken des Klassenraumes.
- Die Schüler gehen herum und lesen die Aussagen. Sie bleiben dann bei der Aussage stehen, der sie am ehesten zustimmen können. Schüler, die keiner Aussage zustimmen können, positionieren sich in der Mitte des Klassenraumes.
- Die Schüler begründen jeweils ihre Entscheidung.
- Nachdem das Thema behandelt wurde, kann noch einmal gefragt werden, wer wieder in seine ursprüngliche Ecke gehen würde bzw. wer eine andere wählen würde. Eindrücklicher wird dies, wenn sich die Schüler erneut in den Ecken des Klassenraumes bzw. in dessen Mitte positionieren.

Weitere Hinweise:

Die Methode eignet sich, um Meinungen, Bewertungen oder Vorstellungen der Schüler abzufragen.

Es lassen sich aber auch Interessen oder Vorkenntnisse abfragen, z. B.:

„Stellt Euch zu dem Begriff/ Thema, von dem ihr glaubt, schon gut Bescheid zu wissen."

„Stellt Euch zu dem Begriff/ Thema, von dem ihr mehr erfahren möchtet."

ausreichend Platz; Möglichkeit, Tische und Stühle an den Rand zu schieben

Musik

Durchführung:

- Das Mobiliar wird beiseite gerückt, sodass in der Mitte des Klassenzimmers ausreichend Platz zum Herumgehen entsteht.
- Während die Musik spielt, schlendern die Schüler durch den Klassenraum.
- Sobald die Musik leiser wird, bilden die Schüler, die sich am nächsten stehen, ein Paar.
- Der Lehrer nennt das Thema / die Fragestellung.
- Der jeweils jüngere Schüler präsentiert nun dem Mitschüler seine Sicht / seine Lösung.
- Nach einer Minute wird gewechselt. Nun ist der andere Schüler an der Reihe. Das Gehörte wird jeweils nicht kommentiert.
- Die Musik wird wieder lauter gestellt und die Schüler schlendern weiter durch den Raum.
- Die Übung wird noch zwei- bis dreimal wiederholt.
- Nach dem letzten Durchgang notiert jeder Schüler kurz eine Zusammenfassung der gehörten Aspekte.
- Ausgewählte Schülerbeiträge werden vorgelesen bzw. die Zettel im Klassenraum aufgehängt und in einem kurzen Gallery Walk von allen gelesen.

Weiterer Hinweis:

Die Methode, deren Schwerpunkt in der Schulung der sprachlichen und sozialen Kompetenzen liegt, ist dann ergiebig, wenn zum Thema Vorkenntnisse vorhanden sind.

Möglichkeit, Tische und Stühle an den Rand zu schieben

DIN-A4-Blätter mit Begriffen, die den Anfangs- und Endpunkt darstellen sollen; DIN-A4-Blätter mit Begriffen, die eingeordnet werden sollen

Durchführung:

- Die Stühle und Tische werden so beiseite geräumt, dass ein breiter Gang im Klassenzimmer entsteht. Am Ende wird jeweils das Blatt mit dem Anfangs- und Endpunkt aufgehängt.
- Blätter mit den Begriffen, die zugeordnet werden sollen, werden an Schüler verteilt.
- Diese Schüler stellen sich in der Position auf, von der sie glauben, dass ihr Begriff den richtigen Abstand zum Anfangs- und Endpunkt hat.
- Haben alle Schüler ihre Position eingenommen, wird im Plenum diskutiert, welche Schüler richtig stehen und welche nicht.

Beispiele:

Sonnensystem (Sonne ↔ Pluto)
Erdzeitalter (Archaikum ↔ Quartär)
Aufbau der Atmosphäre (Troposphäre ↔ Exosphäre)
Klimazonen der Erde (Nordpol ↔ Äquator)
Orte in Deutschland (Kiel ↔ Sonthofen)

Weitere Hinweise:

Die Methode eignet sich bei Fragestellungen, bei denen die Schüler über Vorkenntnisse verfügen.

Alternativ kann sie aber auch zur Wiederholung am Ende einer Einheit eingesetzt werden.

3.18 Bildvergleich

keine besonderen Voraussetzungen

zwei Bilder auf Folie, die einen geografischen Aspekt zu unterschiedlichen Zeitpunkten zeigen; Projektor

Durchführung:

- Die Schüler beschreiben die Bilder und arbeiten Gemeinsamkeiten sowie Unterschiede heraus.
- Mögliche Ursachen und Folgen der dargestellten Entwicklung werden diskutiert.

Beispiele:

- Flussbegradigungen
- Rückgang von Alpengletschern
- Ausbau der Verkehrsinfrastruktur
- Auswirkungen von Naturkatastrophen (Erdbeben, Wirbelstürme ...)

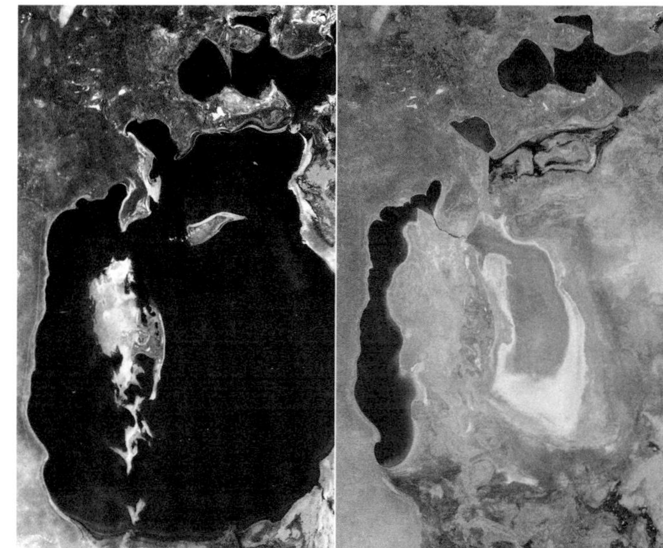

Der Aralsee 1989 und 2008

Weiterer Hinweis:

Während diachrone Bildvergleiche (vorher nachher, früher / heute) Entwicklungen zeigen, können mit synchronen Bildvergleichen (z. B. Schulkinder in Afrika – Schulkinder in Europa; Getreideernte in Süddeutschland – Getreideernte in den Great Plaines (USA)) gleichzeitige Unterschiede und Gemeinsamkeiten thematisiert werden.

keine besonderen Voraussetzungen

(kontrastives) Bild auf Folie, Projektor, Papier zum Abdecken

Durchführung:

- Die Schüler arbeiten paarweise zusammen.
- Jeweils ein Partner dreht sich mit dem Rücken zur Projektionsfläche. Der Lehrer deckt die eine Hälfte des Bildes auf.
- Der Schüler mit Blick zum Bild beschreibt seinem Nachbarn so detailliert wie möglich, was er sieht.
- Nach einer Minute deckt der Lehrer das Bild ab. Nun wechseln die Partner. Der Lehrer zeigt die andere Bildhälfte, die der Schüler wiederum seinem Nachbarn beschreibt.
- Nach einer Minute wird das Bild zugedeckt bzw. der Projektor ausgeschaltet.
- Die Schüler versuchen nun, aus der Beschreibung und dem Gesehenen, das Bild im Ganzen zu charakterisieren.
- Das Bild wird vollständig gezeigt.

Beispiel:

Brennerpass

Schüler 1 beschreibt die rechte Bildhälfte einer unberührten Alpenlandschaft, anschließend Schüler 2 die von der Brennerautobahn durchschnittene Landschaft.

keine besonderen Voraussetzungen

abgespeicherter Google-Earth®-Flug, Computer mit Google Earth® und Internetverbindung

Durchführung:

- Der Lehrer zeigt einen Google-Earth®-Flug über den Naturraum, der betrachtet werden soll.
- Die Schüler beschreiben ihre Eindrücke und formulieren Fragen, die bei der Behandlung des Themas relevant sein könnten.
- Ausgewählte Fragen werden im Unterrichtsverlauf aufgegriffen.

Weitere Hinweise:

Diese Methode ermöglicht es dem Lehrer, anders als bei herkömmlichen Lehrfilmen, genau seine Schwerpunkte zu präsentieren.

Die Flüge lassen sich problemlos aufzeichnen und speichern. Die kmz-Datei kann man dann auf jedem Rechner abspielen, auf dem Google Earth® installiert ist und der über eine Internetverbindung verfügt.

keine besonderen Voraussetzungen

farbige Moderationskarten bzw. Zettel im Format ca. 21 x 10 cm, Filzschreiber, Pinnwand oder Tafel und Klebestreifen, evtl. Klebepunkte

Durchführung:

- Jeder Schüler erhält drei bis fünf Moderationskarten.
- Der Lehrer nennt das Thema. Die Schüler notieren nun auf jedem Zettel einen Aspekt, der ihnen dazu einfällt.
- Die Karten werden zunächst alle unstrukturiert an der Pinnwand oder Tafel befestigt. Doppelte Nennungen werden abgehängt.
- Zwei Schüler kommen nach vorne und clustern die Karten, d. h. sie ordnen die Karten nach selbstgewählten Kriterien und finden Oberbegriffe, die sie auf andersfarbige Moderationskarten darüber heften.
- Im Plenum wird über das Ergebnis diskutiert. Hat man sich auf eine mehrheitsfähige Lösung verständigt, erhält jeder Schüler drei Klebepunkte. Diese klebt er an die drei Karten, deren Inhalt ihn besonders interessiert.
- Die Karten mit den meisten Klebepunkten bilden den Schwerpunkt bei der Behandlung des Themas.

Beispiel:

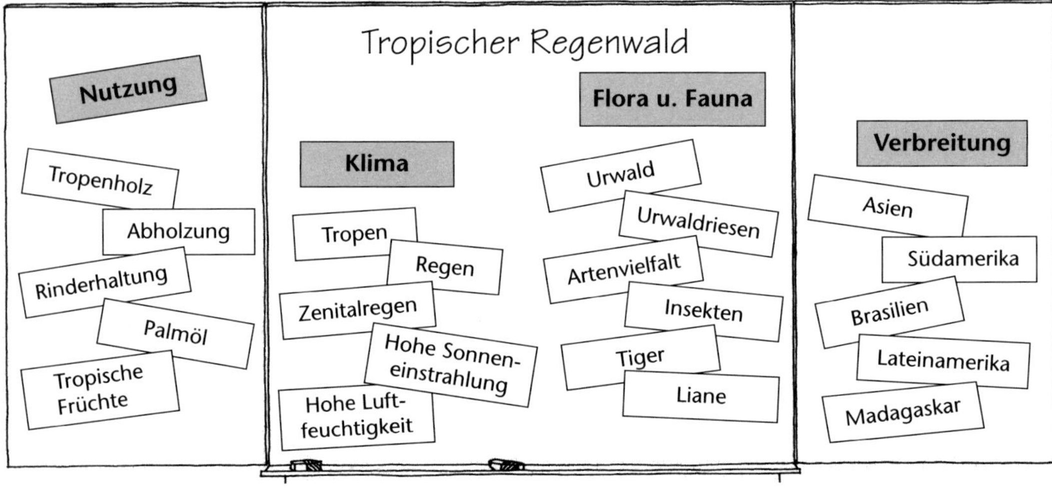

keine besonderen Voraussetzungen

thematische Landkarte, die übersichtlich verschiedene Inhalte eines Themas darstellt

Durchführung:

- Die thematische Landkarte wird aufgehängt.
- Der Lehrer bittet die Schüler, sich diese anzuschauen und sich jenen Themenbereich herauszusuchen, der sie am meisten interessiert.
- Die Gruppen bearbeiten nun den von ihnen gewählten Themenbereich. Die thematische Landkarte bleibt während der Erarbeitung und der Präsentation des Themas im Klassenraum hängen.

Beispiel:

s. Folgeseite

Weitere Hinweise:

Die Methode gibt den Schülern zunächst einen Überblick über die gesamte Thematik bevor sie sich mit einzelnen Aspekten beschäftigen.

Die thematische Landkarte eignet sich für Inhalte, die parallel bearbeitet werden können und bei denen einzelnen Teile nicht direkt aufeinander aufbauen.

Beispiel:

THEMATISCHE LANDKARTE VULKANISMUS
Plattentektonik
Verbreitung
physisch-geografische Aspekte
Vulkanformen:
• Stratovulkan
• Schichtvulkan
• Caldera
• Maar
• Lavadom
• ....
Hot-Spot-Vulkanismus am Beispiel Hawaii
Messung/Vorhersage
• Tourismus
• fruchtbare Böden
• Geothermie
• ....
Humangeografische Aspekte
Behinderung des Flugverkehrs
Aschewolke
Pyroplastische Ströme
Lavaströme
Vulkanische Gase
Klimaveränderung
Ätna - Vesuv - Laacher See - Kaiserstuhl - Vulkaneifel - Stromboli - Mount Okmok - Eyjafjallajökull
NUTZEN
GEFAHREN

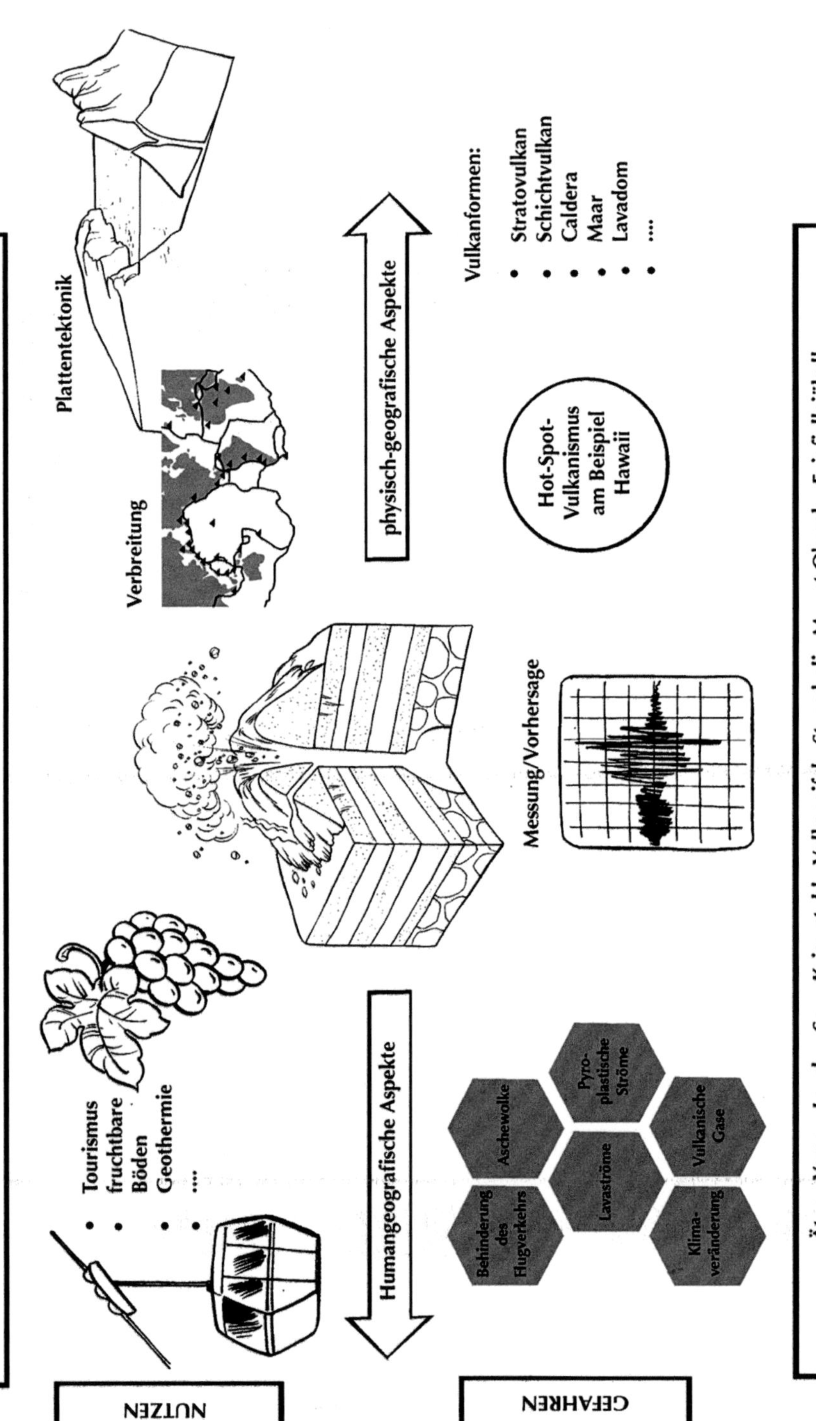

keine besonderen Voraussetzungen

Projektor, Speisekarte auf Folie

Durchführung:

- Der Lehrer legt die Speisekarte auf. Die Schüler wählen alleine oder in der Gruppe jeweils eine Vorspeise, ein Hauptgericht und eine Nachspeise.
- Die Schüler überlegen, ob die einzelnen Gänge des Menüs inhaltlich zueinander passen.

Beispiel:

s. Folgeseite

Weiterer Hinweis:

Die Speisekarte sollte ansprechend gestaltet sein, damit die Schüler „Appetit" bekommen, sich mit den Inhalten zu beschäftigen.

Vorspeise (Ausgangsbedingungen / Rahmenbedingungen)

Warenströme

Globale Verkehrswege

Liberalisierung / Deregulierung / Abbau von Handelsschranken

Entwicklung der Auslanddirektinvestitionen

Zunahme der Bedeutung von Global Playern

Technischer Fortschritt / Senkung der Kommunikations- und Transportkosten

Hauptspeise (Probleme)

Situation in den Industrieländern

Situation in den Entwicklungsländern

Arbeitsmigration / Braindrain

Umwelt- und Sozialdumping

Nachspeise (Lösungsansätze)

Global Gouvernance

Internationale Organisationen (z. B. UN, WTO, IWF)

Internationale Abkommen (z. B. Klimakonventionen, Handelsabkommen)

Protektionismus / Abschottung vom Weltmarkt

Speisekarte zum Thema Globalisierung

4.4 Bildbetrachtung

keine besonderen Voraussetzungen

thematisch passende Bilder (fünf bis zehn Bilder mehr als Schüler in der Klasse sind)

Durchführung:

- Die Bilder werden auf einem Tisch ausgelegt. Die Schüler stehen im Kreis um den Tisch und bekommen die Gelegenheit, die Bilder in Ruhe zu betrachten.
- Der Lehrer nennt das Thema. Die Schüler sollen nun jeweils das Bild nehmen, das ihrer Meinung nach am besten passt / zu dem sie gerne mehr erfahren würden / zu dem sie etwas sagen können. Es ist auch möglich, dass sich mehrere Schüler für ein Bild entscheiden.
- (Ausgewählte) Schüler zeigen ihr Bild und begründen, weshalb sie sich dafür entschieden haben.

Weitere Hinweise:

Werden die Bilder auf Karton geklebt und / oder laminiert, lassen sie sich mehrfach verwenden.

Umfangreiche Bilddatenbanken mit gut einsetzbarem Material finden sich unter anderem bei den Kreismedienzentren, die von den Schulen kostenfrei genutzt werden können.

keine besonderen Voraussetzungen

DIN-A3-Blätter, Filzstifte, Klebeband

Durchführung:

- Der Lehrer nennt das Thema.
- Alle Schüler notieren zunächst in Einzelarbeit, was sie am genannten Thema besonders interessiert bzw. welche inhaltlichen Erwartungen sie an das Thema haben.
- Die Schüler arbeiten anschließend mit einem Partner, beispielsweise dem Sitznachbarn oder dem Vorder- bzw. Hintermann zusammen. Sie tauschen sich aus und notieren gemeinsam die zentralen Punkte auf einem DIN-A3-Blatt.
- Diese Blätter werden danach im Raum aufgehängt und von den Schülern in einem Gallery Walk betrachtet.
- Der Lehrer informiert die Schüler darüber, welchen Erwartungen er im Verlauf des Unterrichts gerecht werden kann, welche Aspekte nicht oder nur, wenn ausreichend Zeit zur Verfügung steht, behandelt werden können. Die Themen, auf die dann eingegangen wird, können markiert werden.
- Die Blätter bleiben während der gesamten Unterrichtseinheit im Klassenraum hängen.

Weitere Hinweise:

Diese Methode eignet sich für Themen, bei denen die Schüler über Vorkenntnisse verfügen.

Bei diesem informierenden Unterrichtseinstieg sieht der Lehrer, welche Erwartungen die Schüler an ein Thema haben.

Umgekehrt können die Schüler sich darauf einstellen, welche Schwerpunkte der Lehrer setzt.

Wichtig ist, dass der Lehrer transparent macht, weshalb bestimmte Aspekte behandelt werden und andere nicht.

4.6 Angebotstisch

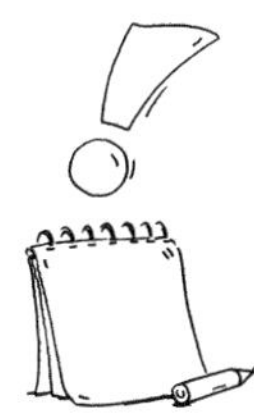

keine besonderen Voraussetzungen

verschiedene Materialien, die das Thema von unterschiedlichen Seiten beleuchten; schriftliche Arbeitsaufträge

Durchführung:

- Die Materialien werden mit den dazugehörigen Arbeitsaufträgen auf den Tischen im Klassenraum verteilt. Man sollte um jeden Tisch herumgehen können.
- Die Schüler wählen einen Tisch aus und bearbeiten die Materialien. Sie bestimmen auch, mit wem sie zusammenarbeiten möchten.
- In einer kurzen Feedbackrunde (Blitzlicht) geben die Schüler Rückmeldung über ihre Erfahrungen.

Beispiel:

Angebotstische zum Thema Küste

- **Tisch 1:** Experiment zur Wasserdurchlässigkeit von Sand, Lehm, Schlick
- **Tisch 2:** Text mit Illustrationen zur Entstehung von Ebbe und Flut
- **Tisch 3:** Bilder und Satellitenaufnahmen zu unterschiedlichen Küstenformen
- **Tisch 4:** Verschiedene Tierpräparate sowie ein Nachschlagewerk zur Bestimmung von Strand- und Schlickbewohnern
- **Tisch 5:** Reiseprospekte von Ferienorten zur Bearbeitung des Aspekts Tourismus
- **Tisch 6:** ...

Weiterer Hinweis:

Diese Methode gibt den Schülern einen groben Überblick über die Inhalte eines Themas und ermöglicht ihnen, zunächst etwas „hinein zu schnuppern“. So werden sie motiviert, sich mit weiteren Aspekten zu beschäftigen.

Methodenkompetenz bei der Auswertung von Karikaturen

je nach Klassengröße sechs bis zehn Karikaturen zum Thema auf Folie, Projektor

Durchführung:

- Der Lehrer nennt das Thema.
- Jede Gruppe erhält eine zum Thema passende Karikatur.
- Die Schüler werten die Karikaturen aus, indem sie sie zunächst beschreiben, die dargestellten Zusammenhänge erklären und die Kernaussage der Karikatur in einem Satz festhalten.
- Die einzelnen Gruppen präsentieren kurz ihre Überlegungen. Die jeweiligen Kernaussagen bilden die Arbeitshypothesen, die im Verlauf des Themas untersucht werden.

Weiterer Hinweis:

Finden sich zu einem Thema nicht genügend aussagekräftige Karikaturen, können auch jeweils zwei Gruppen dieselbe Karikatur analysieren.

4.8 Ich packe meinen Koffer

ca. 10 Min. | ab Kl. 5

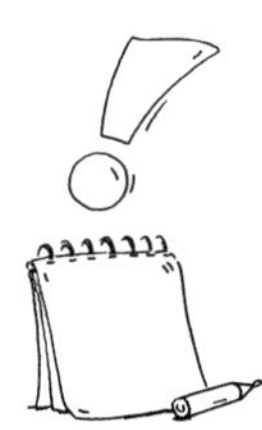

keine besonderen Voraussetzungen

keine

Durchführung:

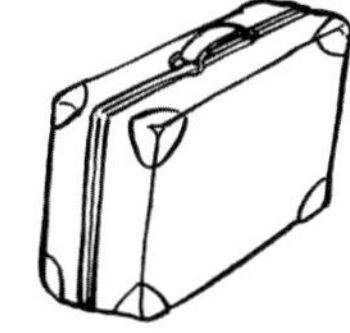

- Der Lehrer nennt das Thema.
- Jeder Schüler soll anschließend drei bis fünf Gegenstände notieren, die er bei einer Reise in diesen geografischen Raum mitnehmen würde.
- Ausgewählte Schüler nennen ihre Gegenstände und begründen, weshalb diese ihrer Meinung nach mitgenommen werden sollten.
- Der Lehrer notiert die Schülerantworten an der Tafel. Am Ende der Einheit wird der „Koffer“ noch einmal geöffnet und diskutiert, welche Gegenstände zu Recht dabei waren, welche überflüssig waren und welche man sinnvoller Weise noch mitgenommen hätte.

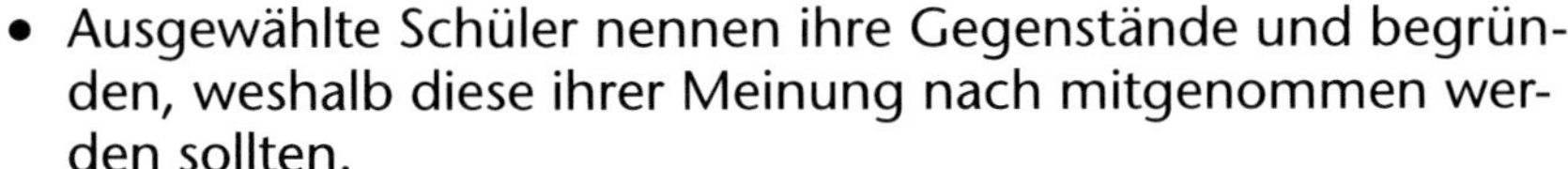

Weitere Hinweise:

Dieser Einstieg lässt sich variieren, indem der Arbeitsauftrag mit kooperativen Methoden, z. B. Placemat, Wachsende Gruppe o. Ä., kombiniert wird.

Die Präsentation der Schülerergebnisse kann auch mithilfe der Moderationsmethode erfolgen.

keine besonderen Voraussetzungen

zum Thema passende Prospekte aus dem Reisebüro, Broschüren, Zeitschriftenartikel usw.; Packpapier, Klebestifte, Scheren

Durchführung:

- Alle Materialien werden auf einem zentralen Tisch im Klassenraum bereitgelegt.
- Der Lehrer nennt das Thema.
- Die Schüler fertigen in Partnerarbeit mithilfe der Materialien eine Collage an, die ein Werbeplakat für eine Reise in den genannten geografischen Raum sein soll.
- Die Ergebnisse werden im Klassenraum aufgehängt. Die Schüler gehen herum und betrachten die Werbeplakate.

Beispiel:

Weiterer Hinweis:

Eine Collage eignet sich als Einstieg in Themen, bei denen die Schüler bereits über Vorkenntnisse verfügen.

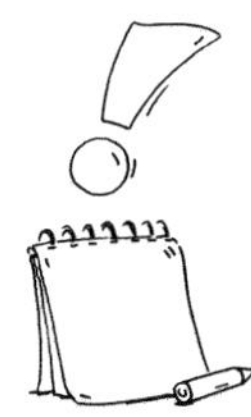

keine besonderen Voraussetzungen

Spielbrett (Karte auf Pappe geklebt), Spielfiguren, Würfel, Fragekarten (Karteikarten Format DIN A7) mit den Antworten auf der Rückseite

Durchführung:

- Vier bis acht Spieler sitzen um ein Spielbrett. Jeder erhält eine Spielfigur.
- Es wird reihum gewürfelt. Wer an der Reihe ist, bekommt von seinem Sitznachbarn eine Frage vorgelesen. Beantwortet er diese richtig, würfelt er erneut. Kann er die Frage nicht beantworten, kommt der nächste Schüler dran.
- Nummerierte Fragen beziehen sich auf einen konkreten Ort auf der Karte.
- Wer als Erster die Ziellinie überschreitet, ist Sieger.

Beispiel:

s. Folgeseite

Weitere Hinweise:

Das Spiel eignet sich, einen neuen geografischen Raum spielerisch kennenzulernen und einen Überblick über Land und Leute zu gewinnen. Es bietet sich für Themen an, bei denen die Schüler über Vorkenntnisse verfügen.

Um das Spiel spannender zu gestalten, können Ereigniskarten eingefügt werden („Einmal aussetzen", „Nochmals würfeln", „Zwei Schritte zurück").

Die Fragen lassen sich auch mit den Schülern gemeinsam erarbeiten. So wächst der Fragenkatalog mit jedem Schuljahr.

Beispiel:

Quer durch die USA

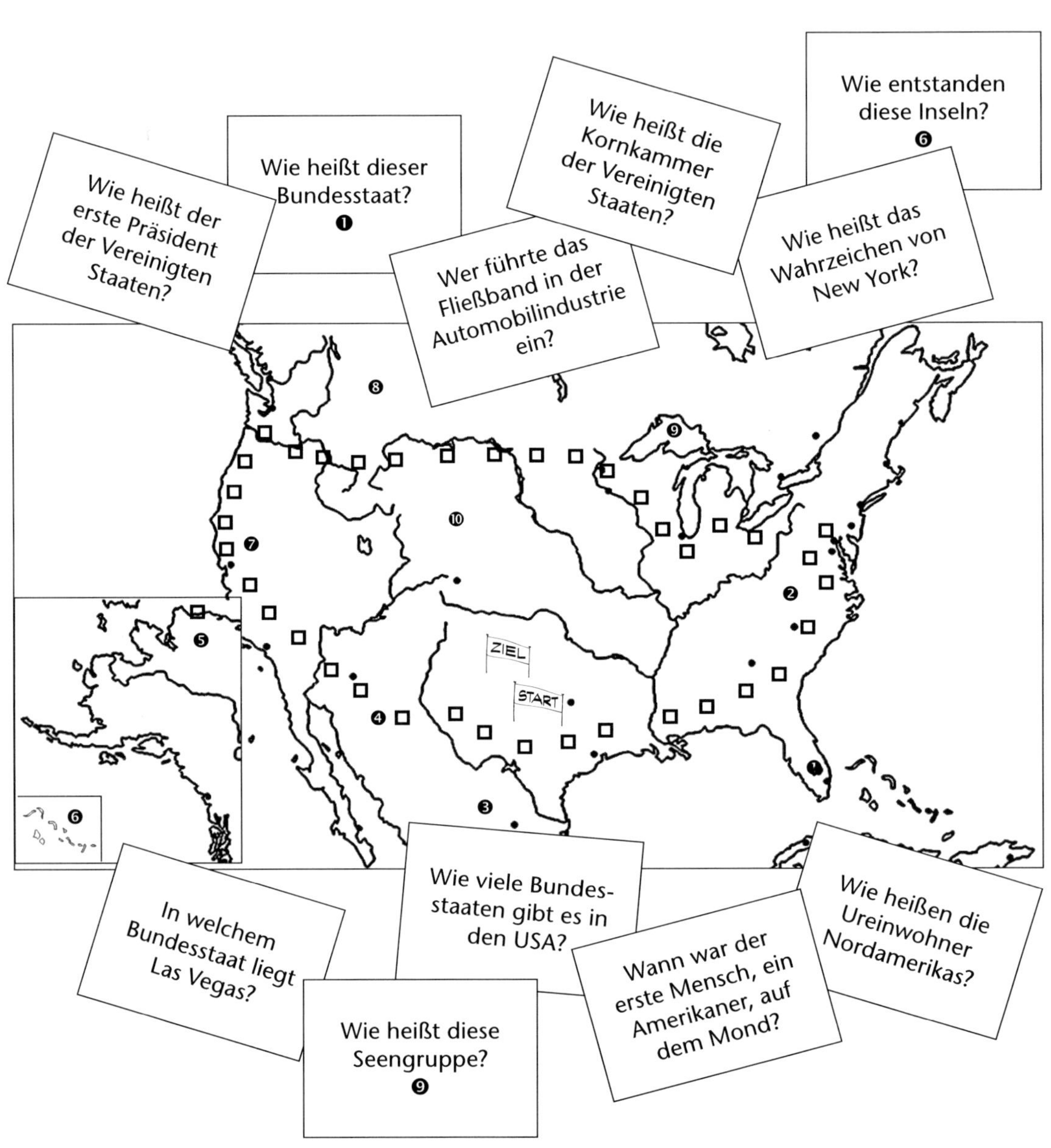

keine besonderen Voraussetzungen

Steckbrief der Familie Humboldt auf Folie

Durchführung:

- Der Lehrer stellt die Familie Humboldt vor, die die Klasse fortan im weiteren Verlauf des Erdkundeunterrichts begleiten wird.
- Die Schüler betrachten den jeweiligen geografischen Raum aus dem Blickwinkel der einzelnen Familienmitglieder.

Beispiel:

Steckbriefe der Familie Humboldt

Tochter
Lisa Humboldt
14 Jahre

- Geht gerne shoppen
- Möchte, dass es allen Menschen gut geht
- Mag südliche Länder und Mittelmeerinseln
- Interessiert sich für fremde Kulturen

Vater
Mathias Humboldt
44 Jahre

- Ist gerne in der Natur
- Fühlt sich dort wohl, wo es so aussieht wie zu Hause
- Wandert gerne
- Begeistert sich für Eisenbahnen

Mutter
Brigitte Humboldt
42 Jahre

- Mag gerne Städte
- Liebt exotische Orte
- Hat gerne Kontakt zu Menschen
- Interessiert sich für Geschichte

Sohn
Jonas Humboldt
11 Jahre

- Macht gerne Sport
- Isst gerne Gerichte aus anderen Ländern
- Findet Abenteuer und Zelten in der Natur spitze
- Möchte einmal einen Gletscher sehen

Hund
Waldi

Freut sich, wenn er andere Tiere sieht – je größer sie sind, desto besser

Weiterer Hinweis:

In der Unterstufe sind die Schüler besonders motiviert, sich das ganze Jahr von Familie Humboldt begleiten zu lassen und immer wieder Unterrichtsinhalte aus deren Blickwinkel zu betrachten.